Hantel-, Kraft- und Fitnesstraining

Hantel-, Kraft- und Fitnesstraining

Von Hans Schulz

Buch und Zeit Verlagsgesellschaft mbH · Köln

ISBN 3-8166-9563-9

Großes Titelbild: Eva Lindenburger/Silvestris, Kastl
Kleine Titelbilder: Eiermann & Diebold, Freiburg; Kettler, Ense-Parsit
Fotos: Kettler, Ense-Parsit, S. 28; Günter Otte, Murr
Zeichnungen: Heidi Jopp, Wiesbaden

Satz: LibroSatz, Kriftel bei Frankfurt
Druck: Ebner Ulm
1999956387X7 2635 4453 6271

Inhalt

Zuerst dies – mehr als eine Einleitung

Also, wirklich, wenn Sie mich fragen – zwischen einem stark Übergewichtigen, einem drahtigen und untergewichtigen Asketen, einer Figur wie eine Statue aus der Sagenwelt Griechenlands oder eines Athleten wie Jürgen Hingsen und einem Mr. Universum in Topform zu wählen – also wirklich, mir fällt das nicht schwer! Der Übergewichtige fällt weg, der zu Dünne ebenfalls. Der überdimensionale Muskelmann? Das ist eine reine Frage des Geschmacks, und was schließlich übrigbleibt ist ein Körper »im Mittelmaß«, nicht zu übertrieben in jeder Richtung, eben etwas sportlich, kräftig, fest, drahtig, gelenkig, ausdauernd und auch gesund.
Sind Sie anderer Meinung? Die Auffassungen sind – Gott sei Dank – verschieden, aber es wird wohl die Minderheit sein, die sich für Übergewichtige oder allzu Dünne entscheidet.
Kompromisse schließen?
Einverstanden, aber dann doch bitte in der richtigen Reihenfolge! Mir ist doch immer noch lieber der Supermuskelmann oder Spindeldürre als – der stark mit Fett Behaftete. Fühlen Sie sich, sind Sie der Letztere, ruhig angesprochen, über Sie werden wir noch ganz speziell reden! Erst werden wir Ihnen Ihre negativen Aspekte vor Augen halten, dann werden wir Sie zu Ihrem Vorteil beeinflussen. Und dann erst, nach Ihrem Erfolg, werden wir positiv über Sie reden, dann, wenn »Sie es geschafft haben«.
Also, in der Prioritätenliste steht der Dicke ganz unten. Er ist ja nicht nur dick, sondern auch nicht »ganz gesund«. So viel Unnützes auf untrainierten Beinen mit sich herumzutragen – was kann da gesund dran sein.
Der ganz Dünne ist da schon besser dran, was die Gesundheit anbelangt – nur er ist eben dünn. Und die Wahl dann zwischen einem Dünnen und einem Muskelmann, das ist dann wirklich eine Geschmacksfrage.
Aber die meisten Geschmäcker trifft wohl das sportliche Mittelmaß.
Das ist der Mann, der drahtig und muskulös ist, der »alte Grieche« oder der »mittelmuskulöse«, der auch etwas leisten kann.
Keine Angst, verehrte Damen, auch Sie sollen aus der Betrachtung nicht ausgeschlossen sein.
Über sehr Übergewichtige brauchen wir nicht lange sprechen (außer daß man vielleicht sagt, »die Dicken seien gemütlicher«). Was die Damenwelt vielleicht

abschreckt, sind die Bodybuilderinnen in Fachzeitungen à la Miss Universum mit total austrainiertem und durch Superdiät »abgehungerten« Körper, auf dem nun wirklich kaum noch ein Gramm Fett sitzt.

Aber diese Misses sind in dieser extremen und abschreckenden Form nur ganz kurze Zeit, denn diese Hungerkuren sind nicht lange durchzuhalten, und nach ein paar Wochen ist die Miss wieder das schöne Fräulein von nebenan. Immer noch etwas stärker, aber immer wirksamer und sportlicher als die Dame, die durch raffinierte Kleidung den mangelhaften Unterschied zwischen Taille, Hüfte und Oberkörper zu kaschieren versucht.

Das mit dem Hungern und dem Top-Sein in Wettbewerbsform ist auch bei den Mistern der Fall, schon bald nach der Wahl schleicht sich wieder eine, wenn auch dünne Fettschicht über die Muskelstrukturen und läßt diese etwas glatter und für viele ansehnlicher erscheinen.

In Fachzeitungen, die um die Gunst der Leserschaften aus dem Kreise der Bodybuildingfans streiten, werden diese Top-Athleten nun einmal in Top-Form dargestellt, also zum Zeitpunkt des absoluten Höhepunktes in der sogenannten Definition.

Stimmen, »wie schrecklich dies doch aussieht«, wird es immer geben. Wenn ein Mensch gut Autofahren kann, will er dies eventuell zeigen. So entwickeln sich Formel-Eins-Rennfahrer, ein ähnlicher Auswuchs im Bereich des Autofahrens. Hat ein Mann oder eine Frau einen Draht zur Entwicklung eines Super-Bodys, will auch sie oder er diesen ebenfalls zeigen, und es kommt wie in allen anderen Sparten des Lebens zu »Auswüchsen«. Was wäre die Welt ohne diese – langweilig, eintönig und ohne Fortschritte!

Gut, vielleicht habe ich Ihnen mit diesen paar Sätzen auf den Nerv gefühlt, vielleicht habe ich etwas Ihren Geschmack korrigieren können oder Ihnen einfach mit dieser Betrachtung einmal dargelegt, welche Auswahlmöglichkeiten es für Sie gibt.

Was immer Sie auch möchten und wollen – tun Sie es, denn es ist Ihr Geschmack und schließlich Ihr Leben, was Sie in Sachen »Körper« formen wollen.

Dabei wird Ihnen dieses Buch nicht nur helfen, sondern auch den garantiert richtigen Weg zeigen, geschrieben aus »dem Computer eines nicht selbsternannten Fachmannes«, der seit über 30 Jahren aktiv im Bereich Kraft- und Fitneßtraining tätig ist, sich heute immer noch bester Gesundheit erfreut und nicht ganz »unstolz« auf seine Figur ist.

Profitieren Sie von seinen Erfahrungen und gehen Sie den sichersten und auch kürzesten Weg zu Ihrem persönlichen Ziel.

Vergessen Sie dabei nie den gesundheitlichen Aspekt, den wichtigsten Posten im Formen Ihres Körpers, denn ohne Gesundheit ist alles nichts, auch Ihre Figur nicht.

Wollen Sie Kraft oder Muskeln – oder gar beides?

Austrainierter Supermann hin, überdefinierte Miss her. Wenn man schon solche Extreme mit dem Bodybuilding erreichen kann, dann sollte man auch das erreichen können, was Sie sich wünschen.
Alle Tätigkeiten sollten mit einer Zielvorstellung beginnen. Der Autor hat das in früheren Büchern immer wieder angeregt und beschrieben. Ohne Ziel kann ein Schiff oder ein Flugzeug seinen geplanten Ankunftspunkt nicht erreichen, ohne Planung können Sie weite Strecken mit dem Auto nicht ökonomisch erreichen. Sie sollten nun einen ersten wichtigen Schritt tun, und sich ein kleines Notizbüchlein zulegen – jetzt sofort – und darin schon grob Ihre Vorstellungen niederschreiben. Sortieren Sie die Wunschpunkte schön untereinander auf, später werden wir unsere Planung weiter vorantreiben und ausführlicher werden.
Aber zurück zu unserer Überschrift. Sicher wollen Sie etwas mehr Kraft bekommen und sicher wollen Sie auch hier und da ein paar Muskeln hervorbringen. Wieviel mehr, das sollte jetzt erst einmal grob umrissen in Ihrem Büchlein stehen. »Meine dünnen Ärmchen sollten etwas an Umfang zunehmen, die Oberschenkel etwas straffer werden, der Bauch soll etwas abnehmen und außerdem habe ich Probleme mit dem Rücken. Bücken strengt mich an, außerdem bin ich im Nacken verspannt, was oft von Kopfschmerzen begleitet wird. Dies soll alles wegtrainiert werden. Im Tennis ist nach einiger Spielzeit meine Beinarbeit schlecht, da die Wadenmuskeln zu schwach sind, und warum sollte nicht meine Brust (mein Busen) etwas gehoben werden und strammer (straffer) aussehen.«
So könnte ungefähr Ihr Wunschkatalog aussehen. Lassen Sie sich Zeit, um Ihre Liste zu erstellen.
Einige Punkte seien vorweggenommen, um Irrtümer auszuräumen:
Die Bildung von Muskeln geht immer parallel mit Bildung von Kraft. Wenn Sie also Krafttraining betreiben, bilden Sie Kraft und somit Muskeln. Wenn Sie Muskeltraining betreiben (was das Gleiche ist wie Krafttraining), bilden Sie Kraft. In welchem Maße diese Zusammenhänge stehen, also von der Qualität her, das ist unterschiedlich. Aber lassen Sie sich nicht täuschen. Ein Gewichtheber hat ebenso Kraft wie ein Bodybuilder und umgekehrt, nur ist meistens beim Gewichtheber die Muskelbildung unter einer Fettschicht verborgen, da es nicht das Ziel des Gewichthebers ist, sich visuell zu präsentieren, sondern Gewicht zu heben.
Noch ein wichtiger Punkt: Frauen sollen und brauchen nicht anders trainieren als Männer. Sie trainieren zwangsläufig nur nicht mit so schweren Gewichten wie die Männer, diese sind hier nun einmal an der Hantel das stärkere Geschlecht, was unbestreitbar und nicht wegzuleugnen ist.

Dann noch eine Sache, die viele durch Falschinformation »ins Unglück stürzt«. Man kann zwar gezielt einen Körperteil trainieren (Beine, Bauch usw.), aber man kann nicht gezielt abnehmen!!! Vergessen Sie die Behauptung »Gezieltes Abnehmen durch die XYZ-Methode« vollkommen – es geht nicht!
Ein Beweis? Der Körper besteht aus Fettzellen. Führt man nicht genug Nahrung zu, werden diese Fettzellen kleiner und man nimmt ab. Aber glauben Sie, daß Sie dann nur am Po abnehmen oder an den Beinen oder am Bauch? Nein, Sie nehmen sogar im Gesicht ab, und Sie kennen die Person, die Sie lange nicht gesehen haben: Sie hat »brutal« abgenommen (Nulldiät oder ähnliche gefährliche Maßnahmen), sie ist kaum wiederzuerkennen, da das Gesicht »schmal« geworden ist. Also, wenn man abnimmt, dann nimmt man überall ab.
Aber da gibt es dann immer wieder Neunmalkluge, die ernennen das Bauchtraining als die Maßnahme, den Bauch flacher zu bekommen. Sparen Sie sich diese Zeit für solch ein Training. Sie können nicht gezielt am Bauch abnehmen.
Dies alles ist natürlich kein Grund, dieses Buch jetzt zuzuklappen, den Autor zu verdonnern, da er alle Illusionen nimmt, und das Buch in die Ecke zu pfeffern. Im Gegenteil, der Autor wird Ihnen aufgrund jahrelanger Erfahrung darlegen, wie Sie auf gesunde, vernünftige und wirkungsvolle Weise Ihre Figur formen können. Aber unter Einbeziehung gesundheitlicher Aspekte, denn diese sollten im Vordergrund stehen.
Daß dies nicht leicht ist, weiß der Autor selbst, daß dies ein »lebenslanger Kampf« sein kann, ist ihm ebenfalls bekannt, daß der Erfolg aber einer der genußreichsten ist, das kann der Schreiber dieses Buches ebenfalls aussagen.
Oft wird der Autor gefragt, was man machen könnte, wenn man gar keine Lust zum Training habe, weil man einfach zu faul sei.
Die Antwort des seit Jahrzehnten trainierenden Tastatur-Schreiberlings lautet: »Geht mir oft nicht anders, aber nach dem Training kann ich dann die Faulheit besser genießen!«
Wollen Sie sich selbst einen großen Gefallen tun? Nehmen Sie sich diesen Ausspruch zu Gemüte und trainieren Sie auch, wenn Sie zu faul dazu sind. Hinterher wird Ihre Aussage sein: »War doch gut, dieses Training« oder »anfangen ist am schwersten«.

Das Geheimnis der Muskulatur

Weit gefehlt wenn Sie denken, Muskeln seien nur zu Kraftakten oder »zur Show« da!
Ohne Muskeln könnten wir überhaupt nicht gehen, ja noch nicht einmal stehen, geschweige denn den Besen schwingen oder das Autolenkrad bewegen.

Haben Sie schon einmal beobachtet, wenn alte Frauen oder Männer gebückt dahergehen (daherschlurfen wäre vielleicht besser ausgedrückt)? Der Grund ist nichts anderes als eine verkümmerte Muskulatur! Muskeln sind dazu da, Leistungen zu vollbringen. Untersuchungen in den USA in Altersheimen haben deutlich gezeigt, daß Bewohner über 70 Jahre durch Training wieder Lust am Leben bekamen, aktiver wurden, Interesse an neuen Dingen zeigten und einen aufrechteren Gang einnahmen.
Haben Sie schon einmal überlegt, daß die Muskulatur das größte Organ des Menschen ist? Und dies verkümmern lassen? Eine Schande!
Aber die Muskulatur hat noch mehr Aufgaben und kann auch noch zu »weiteren Zwecken herangezogen werden«.
So beispielsweise zur Straffung des Körpers. Zwar kann man Fett nicht mit Muskeln tauschen, sondern man kann nur das Fett abbauen und Muskulatur vergrößern. Jetzt erschrecken Sie nicht. Man nimmt dadurch nicht ab, vielleicht sogar zu, aber man nimmt an Muskulatur und an besserer Optik zu. Sie werden das selbst bald sehen, wenn Sie auf der Waage vor dem Spiegel stehen. Der Zeiger auf der Skala bleibt gleich oder geht sogar höher, die Optik Ihres Körpers hat sich bald enorm zu Ihrem Vorteil verändert. So ist die Bildung von Muskeln durch Krafttraining, Muskeltraining oder Bodybuilding, wie immer man es auch nennen mag, ein körperkosmetisches Mittel. Nicht Sälbchen und irgendwelche undurchsichtigen Mittelchen werden herangezogen, sondern Natürliches. Training der Muskulatur, etwas, was der Mensch immer schon gemacht hat, seit es ihn gibt!
Salben, Behandlungen und Superdiätkuren kosten viel Geld und mögen hier und da vorübergehend helfen. Welch ein Gegensatz ist dazu das Muskeltraining, das Sie nicht nur besser erscheinen läßt, sondern auch noch gesund macht und Gesundheit erhält, ganz zu schweigen von der Leistungsfähigkeit, besserem Wohlbefinden und ausgeprägterem Selbstbewußtsein!
»Tolle Sache« werden Sie denken, aber abnehmen will ich auch. Können Sie, wenn Sie unbedingt wollen, aber auf sehr gesunde Art, wenn Sie es richtig machen! Abnehmen kann man auf verschiedenste Arten, aber das Abnehmen bei Bildung von »neuer Muskulatur« ist der beste Weg. Denn, und das werden Sie dem Autor zugestehen, ein »mageres Hähnchen auf schwachen, dünnen Beinchen und eingefallener Brust« ist weniger anschaulich und gesund als »ein strammer Kerl mit aufrechtem Gang, strotzend vor Vitalität oder eine Frau mit gehobenem Kopf, agilem Aussehen und straffer, strammer Figur, die schon von weitem Selbstbewußtsein und Aktivitätsvermögen erkennen läßt«.
Muskulatur hat noch weitere sehr positive Eigenschaften. Wir wollen nicht in wissenschaftliche Details gehen, sondern praktikabel bleiben.
Beim *Muskeltraining* verbraucht man durch das Training Kalorien. »Schiebt man diese nicht in entsprechendem Maße nach«, nimmt man ab, und zwar zuerst Fett

und keine Muskulatur, die ja zunimmt. Ist das nicht ein schönes Tauschgeschäft, ein hervorragender Deal?
Aber es kommt noch besser. Muskulatur verbraucht auch im *Ruhezustand* Kalorien, ein hervorragender Nebeneffekt, der leider fast unbekannt ist und in der Literatur kaum erwähnt wird. So, nun kennen Sie ja fast wieder einen bequemen Weg um abzunehmen: Kalorienverbrauch beim Ruhen!
Aber diesem muß nun einmal das Ihnen vielleicht noch unangenehm erscheinende Training vorangehen. Also vergessen Sie den bequemen Weg, mit der Hoffnung auf Dauererfolg durch den gesunden Weg. Es gibt diesen bequemen Weg nicht. Man wird auch in weiterer Zukunft seinen Nachbarn nicht fragen können: »Wo lassen Sie trainieren?«.

Wir kommen um noch ein bißchen Theorie nicht herum: Muskelkunde

In der Medizin werden die Muskeln, die wir für unser Training primär gebrauchen, *Skelettmuskeln* genannt.
Warum?
Weil diese Muskeln, deren Bewegung über vom Willen beeinflußte Nerven erfolgt, die Knochen hebelartig in den Gelenken bewegen. Dies geschieht dadurch, daß sich die Muskeln zusammenziehen.
Nur bei dieser Bewegung leistet der Muskel Arbeit. Er kann sich bis zur Hälfte verkürzen und dabei auf das Doppelte anschwellen. Beim Zusammenziehen helfen die Sehnen an beiden Enden des Muskels. Nun kann aber der Muskel, der sich zusammenzieht, sich nicht wieder strecken. Dies geschieht durch den Gegenmuskel: Der Bizeps beugt den Arm an, der Trizeps streckt ihn wieder.
Die Skelettmuskeln bestehen aus den *Muskelfasern.* Diese sind gebündelt. Die kontrahierenden Elemente des Muskels nennt man Muskelfibrillen.
Daß das Muskeltraining eine Verdickung der Muskelfasern bewirkt, wissen wir. Die Leistung des Muskels ist vom Querschnitt abhängig, und Leistung bedingt Training. Je mehr Training, je mehr Leistung der Muskel ausgesetzt ist, um so stärker »wächst« er; hier ist aber Leistung nicht als langandauernde Leistung zu sehen, sondern als Leistung von der immer wieder gesteigerten Belastung her.
Die *Muskelkraft* ist von der Anzahl der Muskelfibrillen abhängig, nicht nur von der Zahl der Muskelfasern. In letzter Zeit konnte nachgewiesen werden, daß sich Muskelfibrillen unter Belastung vermehren können; ja sogar eine Teilung der Muskelfasern ist bei intensivem Training möglich.
Ein Muskel, der viel leistet und sich somit verdickt, braucht eine gesteigerte Ver-

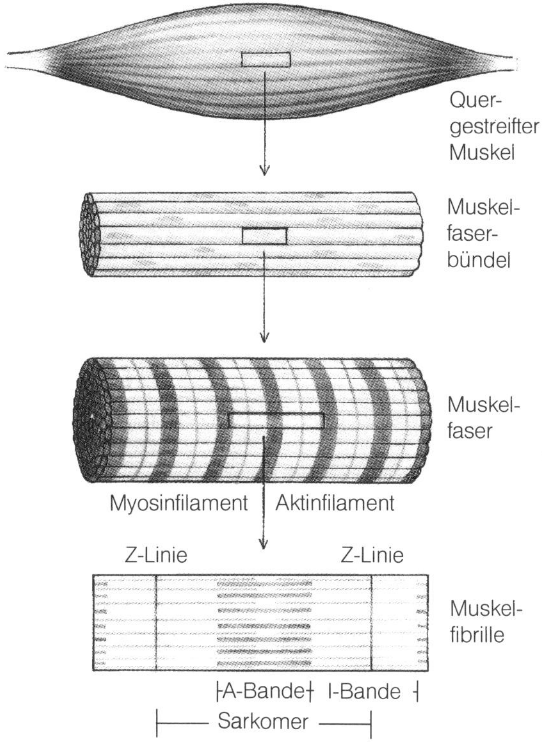

Aufbau eines Muskels

sorgung. Dies geschieht durch vermehrte Zufuhr von Blut, das dem Muskel Sauerstoff und Nährstoffe zur Verfügung stellt. Dies nennt man Kapillarisierung. Damit dürfte grundsätzlich genug über die Beschaffenheit der Skelettmuskeln gesagt sein. Wir wollen uns ja – wie schon einmal erwähnt – nicht in theoretischen Abhandlungen verlieren, sondern praktisch vorgehen. Diesem Ziel kommen wir wieder näher, wenn wir unsere eigenen Muskeln einmal näher betrachten und überlegen, welche Bewegungen sie ermöglichen.
In der nachstehenden Zeichnung eines Bodybuilders sind die einzelnen Muskeln gut zu erkennen.
Entnehmen Sie sodann aus der Tabelle die dazugehörige Ziffer, den Namen des Muskels und seine Aufgabe.

Nr.	Bezeichnung des Muskels	Funktion des Muskels
1	vierköpfiger Schenkelmuskel (Musculus quadriceps femoris)	streckt das Bein im Kniegelenk
2	Schenkelanzieher (Musculus adductor brevis)	zieht das Bein zum Körper heran
3	Schneidemuskel (Musculus sartorius)	beugt das Bein im Hüft- und im Kniegelenk
4	Zehenstrecker (Musculus extensores)	heben die Zehen nach oben
5	Schollenmuskel (Musculus seleus)	streckt den Fuß im Fußgelenk
6	vorderer Schienbeinmuskel (Musculus tibialis anterior)	hebt den Fuß im Fußgelenk
7	zweiköpfiger Schenkelbeuger (Musculus biceps femoris)	beugt das Bein im Kniegelenk
8	großer Rückenmuskel (Musculus latissimus dorsi)	zieht den Arm seitlich nach unten und zugleich nach innen
9	Sägemuskel (Musculus serratus)	zieht die Schulterblätter nach vorne
10	Trapezmuskel (Musculus trapezius)	hebt die Schultern
11	Brustmuskel (Musculus pectoralis major)	bringt den Arm nach vorne
12	Deltamuskel (Musculus deltoideus)	seitlicher Deltamuskel: hebt den Arm zur Seite vorderer Deltamuskel: hebt den Arm nach vorne hinterer Deltamuskel: bewegt den Arm nach hinten
13	zweiköpfiger Armmuskel (Musculus biceps brachii)	beugt den Arm im Ellbogengelenk
14	dreiköpfiger Armmuskel (Musculus triceps brachii)	streckt den Arm im Ellbogengelenk
15	Fingerbeuger (Musculus flexores)	führen die Finger zusammen und beugen das Handgelenk mit der Handinnenfläche zum Unterarm
16	gerader Bauchmuskel (Musculus rectus abdominis)	führt den Brustkorb zum Becken
17	seitlicher Bauchmuskel (Musculus obliquus externus abdominis)	beugt den Oberkörper zur Seite und dreht den Oberkörper im Hüftgelenk
18	großer Gesäßmuskel (Musculus glutaeus maximus)	streckt das Bein im Hüftgelenk

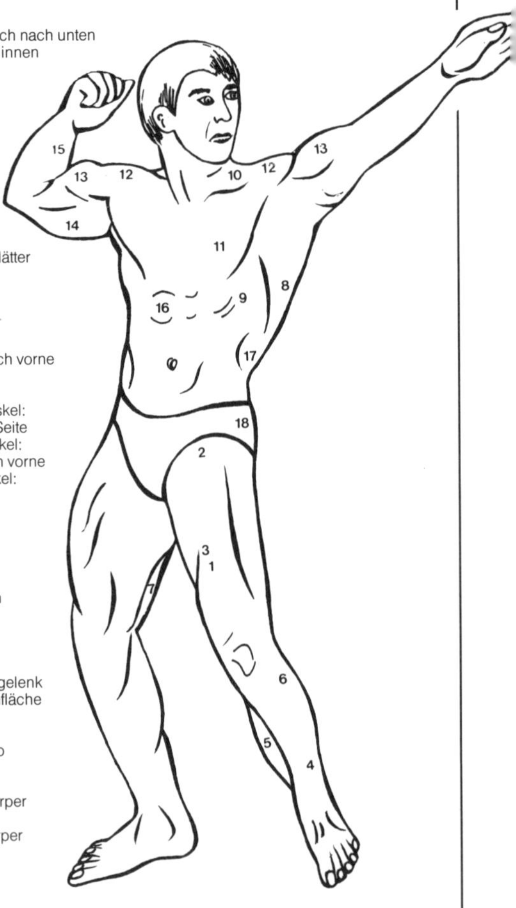

Muskelketten und Ausbreitungseffekt

Es wäre falsch, würde man nur einige bestimmte Muskeln trainieren. Spielen Sie beispielsweise Fußball, drängt sich vielleicht der Gedanke auf, nur die Beine trainieren zu wollen.

Aber solch ein Training wäre nicht nur falsch, sondern auch gefährlich! Der Körper weist zwar einzelne Muskeln auf, diese aber stehen – natürlich – in einem Zusammenhang miteinander. Der große Gesäßmuskel beispielsweise geht in die untere Rückenpartie über, hat die Aufgabe, das Bein im Hüftgelenk zu strecken, und auch die Funktion, es seitlich abzuspreizen. Würde nun der Spieler ganz isoliert nur seine Beine trainieren, fehlte im Endeffekt etwas, um fußballspielen zu können.

Noch ein krasseres Beispiel: Viele Trainierende, die schon monate- oder gar jahrelang mit den Hanteln umgehen und vielleicht sogar Gewichtheben oder das sogenannte »Powerlifting« betreiben, klagen über Störungen und Schmerzen im unteren Rückenbereich. Der Grund liegt meistens in falschem und ungenügendem Training dieses Muskels.

Zwar wird durch das Beintraining und das Oberkörpertraining der Körper »gestärkt«, aber jede Kette ist halt nur so stark wie ihr schwächstes Glied.

Der mit kraftvollen Beinen und starkem Oberkörper ausgestattete »Muskelmann« will nun ein schweres Gewicht heben und – versagt! Grund: zu schwaches Zwischenglied »unterer Rücken«.

Solche partielle Schwäche kann sogar zu gefährlichen Verletzungen führen. Jeder, absolut jeder Sportler und Trainierende, der mit schwereren Gewichten umgeht, sollte das Training des unteren Rückens unbedingt in sein Programm einbeziehen! Darum ist es auch beim Aufheben eines Gegenstandes falsch, möglichst den unteren Teil des Rückens zu schonen, indem man mit aufgerichtetem Oberkörper in die Hocke geht. Erfolg: noch weniger Beanspruchung des unteren Rückens und weitere Verkümmerung.

Wir haben Menschen mit Problemen in der Rückengegend binnen ganz kurzer Zeit durch sinnvolles Training helfen können, »Kreuzschmerzen« verschwanden, das Verkrampftsein am Hals hörte auf, ja sogar die jahrelangen Kopfschmerzen wurden nicht mehr gespürt!

Sie sehen also: Das Muskelsystem des Körpers besteht aus Muskelketten. Wie im Kapitel zum Rehabilitationstraining dargelegt, gibt es den sogenannten Ausbreitungseffekt, der eher von den größeren Muskeln ausgeht als von den kleinen. Und so sollte das Training auch in der Praxis aufgebaut werden:

- Training des ganzen Körpers an einem Tag, beginnend beim größten Muskel, endend bei den kleinsten Muskeln!

Lassen Sie diesen Grundsatz immer Ihr Begleiter während des Trainings sein!

Wie und warum Kraftübungen die Kraft erhöhen

Die Natur geht sehr komplizierte, aber auch wieder ganz einfache und logische Wege. Haben wir uns den Arm gebrochen oder in den Finger geschnitten, »baut« die Natur diese Stellen wieder zusammen. Dies dann so stark, daß die Bruchstelle oder die Narbe danach stärker und widerstandsfähiger wird als vorher!
Dieses *Prinzip* können wir auch auf die *Muskulatur* und das Muskeltraining übertragen.
Trainieren wir nicht zu viel und nicht zu wenig, bekommt die Muskulatur die Warnung: Achtung, da war eine Belastung, die könnte wiederkommen, sei dagegen gewappnet und werde stärker. Die Muskulatur wird kräftiger und ist auf den neuen Angriff in Form der Belastung vorbereitet.
Trainieren wir anschließend mit noch höherer Belastung, so wird die Muskulatur gezwungen, wiederum stärker zu werden. Dies setzt sich fort und wir entwickeln immer stärker und größer werdende Muskulatur.

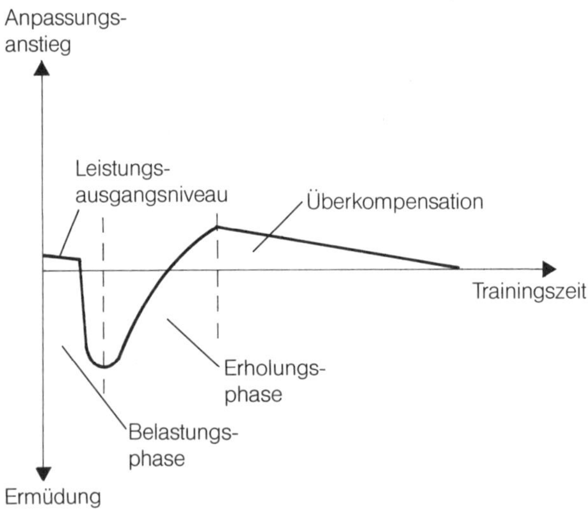

Zyklus der Überkompensation (nach Jakowlew)

Nun brauchen wir jedoch nicht immer mit größerem Widerstand zu trainieren, sondern belassen die Trainingsbelastung bei einer bestimmten Größe, so erreichen wir einen Stillstand.
Ist das nicht prima, daß wir unseren Fortschritt dosieren können? Haben wir mehr Muskulatur, als wir eigentlich haben wollten, trainieren wir mit etwas geringerem Widerstand, sprich weniger Gewichten, und schon können wir unsere Kraft und auch unser Aussehen, allerdings im Zusammenhang mit der Ernährung, halten!
Aber es gibt auch ein *Zuviel* des *Trainings*. Diesen Fehler machen meist die Anfänger und – Sie werden es kaum glauben – auch die fortgeschrittensten Bodybuilder!
Gehen wir nur kurz in die Sonne mit dem Ziel, braun zu werden, sehen wir kaum einen Erfolg (zu wenig Training). Gehen wir zu lange in die Sonne (zu viel Training), holen wir uns einen tüchtigen Sonnenbrand, der unangenehm und gefährlich ist, finden wir ein Mittelmaß, so werden wir braun und das auch noch ungefährlich.
So sollte das Training gestaltet sein: Nicht zu wenig und nicht zu viel. Ein gutes Mittelmaß im Training richtig organisiert und auch durchgeführt – das sollte das Bestreben aller sein, die als Ziel folgendes ansehen:

- Gesund werden und bleiben wollen
- Kraftzuwachs erwarten
- Auf eine gute Figur abzielen
- Wohlbefinden erstreben
- Top Bodybuilder

Und da wir gerade bei dem Ausmaß des zu gestaltenden Trainings sind, soll noch ein Vorurteil ausgeräumt werden.
Will man ganz braun werden, könnte man ja jeden Tag ein paar Minuten mehr in die Sonne gehen.
Glauben Sie, daß dies gesund ist? Sicher werden Sie braun, aber bei dieser »Dauerbelastung« auch krank. Genauso verhält es sich mit dem Training, denn Sie kommen in den Zustand des kontinuierlichen Übertrainiertseins, was sich dann negativ auf Ihre Gesundheit auswirkt.
Auch sogenannte Experten machen diese Fehler und trainieren vier Stunden am Tag. Ganz abgesehen davon, daß die Zeit viel zu schade ist, ist dieses Training Unsinn.
Nun kann man entgegenhalten, daß ja alle »Mr. Universum«- Titelträger so viel trainieren. Ganz abgesehen, daß dies nicht richtig ist, würde durch weniger, dafür aber intensiveres, ausgeklügelteres und »langsameres« Training im Bodybuilding noch mehr erreicht werden. Unter langsamerem Training versteht man das Training ohne Schwung, wobei die Bewegungen möglichst langsam ausgeführt werden.

Bis man zu dieser Erkenntnis gekommen ist, werden wohl noch einige Jahrzehnte vergehen. Immer wieder werden in Fachzeitungen, die an Erwirtschaftung von Gewinnen durch Produktverkäufe interessiert sind, austrainierte und mit großem Potential, also mit »Begabung« versehene Athleten als das Maß für einzunehmende Richtlinien vorgestellt. Dies führt zu diesen Irrtümern, und Irrtümer hatten schon immer in der Geschichte einen einmal eingenommenen Standplatz über Jahrzehnte oder Jahrhunderte erfolgreich verteidigen können.

Genetische Voraussetzungen – maßgeblich für den Erfolg

Wenn alles so einfach wäre, würde jedermann mit einer Mannequinfigur oder einem Mister-Body umherlaufen. Daß dem nicht so ist, wissen Sie.
Alles ist eine Frage des Maßstabes und der Relation. Bringen Sie keine Voraussetzungen mit und identifizieren Sie sich mit einem Filmidol, mit einer Traumfigur oder mit dem letzten Titelgewinner der Mr. Olympiawahl, so stehen Sie vor einem fast unlösbaren Problem. Leider oder auch Gott sei Dank weiß man jedoch nicht vorher, ob man dieses Ziel erreichen kann, aber wie sieht es mit dem Vorschlag des Autors aus, sich erst einmal kleine Ziele zu skizzieren, um diese dann zu erreichen?
Jede Reise beginnt mit dem ersten Schritt, der bei Ihnen beispielsweise die Umreißung Ihres ersten Ziels in Ihrem Trainingsbuch sein kann. Beginnen Sie doch einfach damit, daß Sie erst einmal den Einstieg ins Muskeltraining finden. Setzen Sie sich definitive, positiv ausgedrückte Ziele – sagen Sie nicht »finden *wollen*«, und als erstes Ziel sehen Sie an, drei Zentimeter vom Bauchumfang wegzubekommen!
Nehmen Sie sich nicht zu viel vor. Ihr Büchlein könnte ungefähr so aussehen:

Plan für die ersten vier Wochen:

Datum: ...

1. Dieses Buch durcharbeiten
2. Notizbuch führen
3. In drei Tagen mit dem Training beginnen
4. In zwei Wochen habe ich drei Zentimeter Bauchumfang verloren
5. Kalorienzahl täglich notieren

Mit diesem Fünfpunkteprogramm haben Sie schon einen Supereinstieg für Ihre neue Karriere gefunden. Führen Sie Ihre selbstgestellten Aufgaben gewissenhaft durch, Sie werden sich selber sehr dankbar sein.
Natürlich sollte es das Bestreben eines jeden sein, eine gute Figur zu haben, aber messen Sie sich nicht fortwährend mit irgendwelchen Vorbildern aus Illustrierten, Fernsehen und Kino. Es ist nur wenigen vergönnt, solche Ziele zu erreichen. Einen Arnold Schwarzenegger und eine Jane Fonda gibt es nur einmal, obwohl man dazu sagen muß, daß beide dieses Ziel sehr schwer erarbeitet haben. Aber das genügt nicht, denn beide haben auch die genetischen Voraussetzungen, so daß sie sich zu diesen Zielen hocharbeiten konnten.
Tausende trainieren nach den Trainingsplänen von Jane und Arnold, aber diese beiden Traumfiguren gibt es nur einmal und werden für die meisten das bleiben, was sie sind – ein Traum.
Es nützt Ihnen nun wenig, sich darüber zu ärgern oder darüber zu trauern, daß Sie die falschen Eltern ausgesucht haben, packen Sie es an, erarbeiten Sie Ihre eigenen Idealvorstellungen, nicht an den anderen gemessen, sondern an sich selbst!

Und nun endlich die Wahrheit über Zellulitis!

Wenn Sie jetzt erwarten, daß ich Ihnen einen leichten, einfachen und schnellen Weg zeige, die vielbeklagten »Grübchenformationen« an Ihren Hüften und Oberschenkeln zum Verschwinden zu bringen, dann muß ich Sie enttäuschen.
Jährlich werden von einer Vielzahl von Frauen Tausende von Mark für spezielle Cremes, Umschläge, Massagen, Spezialübungen, bestimmte Diätpläne und sonstige »sichere« Mittel ausgegeben, die versprechen, jene Unebenheiten und beulenähnlichen Anschwellungen auf der Haut zu beseitigen. Dies alles hat, wenn überhaupt, nur vorübergehenden Erfolg. Nur eines tun sie mit Gewißheit: den Frauen das Geld aus der Tasche ziehen. Wenn Ihnen also Mittel angeboten werden, die Zellulitis schnell und einfach beseitigen sollen, so seien Sie vorsichtig. Es gibt einfach keinen schnellen, einfachen oder leichten Weg, sie loszuwerden!
Nun kurz zum Wort Zellulitis oder Cellulite an sich. Es gibt im Grunde keine Zellulitis. Oft wird sie sogar noch fälschlicherweise als Entzündung des Unterhautzellgewebes definiert. Zellulitis ist aber keine Krankheit. Das Wort ist jedoch heute so im allgemeinen Sprachgebrauch verankert, daß es zwecklos wäre, es aus dem Vokabular streichen zu wollen. Anstelle von Zellulitis kann man nur ein anderes Wort setzen: Fett! Denn Zellulitis ist nichts anderes als Fett. Und es gibt nun einmal keinen leichten, einfachen Weg, Fett zu verlieren.
Viele Frauen haben dicke Fettschichten direkt unter der Haut an Hüften, Ober-

schenkeln und ihrem Gesäß, die dann diese »grübchenähnliche« Struktur bekommen und schwer wieder wegzubringen sind. Intensives Training und Diät ist der beste Weg, diesem Problem beizukommen.
Warum, werden Sie fragen, neigen denn besonders oder gerade Frauen dazu? Zunächst einmal ist das menschliche Fett in drei Kategorien unterteilt: die erste ist subkutan, d. h. also direkt unter der Haut lokalisiertes Fett. Es ist über den ganzen Körper verteilt und macht rund 50% des gesamten Körperfetts aus.
Die zweite Kategorie sind Depot-Fettzellen, also Speicherstellen, die vererbt wurden und abhängig von der Genetik unter den Menschen variieren. So speichern beispielsweise Menschen mit schwarzer Hautfarbe das Fett anders als die Weißen, und Frauen wiederum speichern Fette unterschiedlich zu Männern. Dieses Depotfett macht etwa 45% des Körperfetts aus.
Als dritte Kategorie gibt es noch das essentielle Fett, das die restlichen ca. 5% ausmacht. Es umlagert die inneren Organe und Nerven und ist lebensnotwendig. Ein Mensch nimmt auch niemals essentielles Fett ab, kann aber viele Depot-Fettzellen und subkutanes Fett reduzieren.
Um nun zur Frage zurückzukommen, warum gerade Frauen dazu neigen, übermäßig Fett an Hüften und Oberschenkeln anzusetzen: Dies ist genetisch bedingt. Dazu kommen weibliche Hormone und breite Beckenknochen, die der Frau die Möglichkeit geben, Kinder zu gebären. Dieses Fett steht also in direkter Relation zur eventuellen Schwangerschaft einer Frau. Auch bietet das gespeicherte Fett einen Schutz für die lebenswichtigen Organe der Frau und somit für ihren ungeborenen Fetus. Es ist also eine Art eingebaute Energiequelle, von der Mutter und Kind im Notfall eine Zeitlang überleben können.
So weit, so gut. Aber warum tritt dieser »Orangenhauteffekt« auf, werden Sie fragen.
Das Bindegewebe, das als Halt für große Gruppen von Fettzellen dient, verliert mit zunehmendem Alter an Elastizität und beginnt zu schrumpfen. Die darüberliegende Haut paßt sich der Bindegewebsschrumpfung gleichwertig an. Der »Klümpcheneffekt« tritt nur dann auf, wenn die Fettzellen, die ja vom Bindegewebe gestützt werden, nicht gleichzeitig mitschrumpfen, d. h. also abnehmen. Ein weiterer Faktor ist die Tatsache, daß die meisten Frauen nach einem Alter von 18 Jahren stufenweise an Muskelumfang und an Muskelstärke verlieren. Dieser Verlust von Muskelgröße und Muskelkraft macht die Muskeln schlaffer.
Und nun kommen wir zum eigentlichen Thema, was man wirklich gegen Zellulitis tun kann. Dazu müssen Sie zwei Dinge beachten:

1. Sie müssen Fett verlieren, und zwar mit Hilfe einer gut ausgewogenen Diät. Wie eine solche Diät aussieht, wird im Ernährungsartikel beschrieben. Es wird empfohlen, um wirklich Fett zu verlieren, am Tag etwa 1 200–1 500 Kalorien zu sich zu nehmen.

2. Ihre Muskelgröße und Ihre Muskelstärke muß zunehmen, und zwar hauptsächlich die Muskeln, die Gesäß, Hüfte und Oberschenkel umgeben. Das heißt also, um einen Muskel zu stärken und zu straffen, müssen Sie intensiv und progressiv trainieren.

Und stärkere Muskeln werden zweifellos nur durch hochintensives und progressives Training erreicht. Das heißt aber nicht, daß Sie nur diese großen Muskelgruppen trainieren sollen. Trainieren Sie von den großen zu den kleinen Muskelgruppen, und zwar kurz und intensiv (bitte wirklich intensiv = hart, sonst bringt das Training nicht viel) und progressiv in der Weise, indem Sie von Mal zu Mal Ihre Trainingsleistung leicht erhöhen.
So erzielen Sie eine Muskelstraffung. Und indem Sie Ihre Depot-Fettzellen verkleinern und Ihre Muskeln im Verhältnis zum Trainingsumfang der intensiv angewandten Übungen reagieren, bekommt auch Ihre Haut wieder ein normales, glattes Aussehen. Sobald Sie aber nur einen der beiden Punkte vernachlässigen, erscheint der »Orangenhauteffekt« wieder.
Sie sehen also, wie ich schon mehrmals erwähnte, ist dies nicht leicht und schon gar kein schneller Weg zum Erfolg.
Andere Trainingsarten außer dem Training mit Gewichten und einem aggressiven Aerobic-Training, wie zum Beispiel leichte Gymnastik oder Yoga, sind meist nicht intensiv genug, und die Bewegungen können vielfach auch nicht progressiv ausgeführt werden. Der Vorteil dabei liegt in erster Linie an der zunehmenden Gelenkigkeit. Aber die erreichen Sie auch mit Bodybuilding.
Spezialübungen im Wasser beispielsweise haben den Nachteil, daß nur positive Bewegungen ausgeführt werden können. Es ist aber erwiesen, daß negative Bewegung wesentlich dazu beiträgt, die Muskelstärke zu bilden. Egal, ob Sie den Muskel kontrahieren oder dehnen, die Bewegung im Wasser ist immer positiv. Im Wasser ist keine negative Bewegung möglich. Somit ist auch Gymnastik im Wasser wenig effektiv, um Muskelstärke zu erreichen.
Auch mit Massagen, das dürfte Ihnen nach dem bisher Gesagten klar sein, können Sie keine Fettzellen reduzieren. Außer einem angenehmen Gefühl bringt es absolut gar nichts, daß die Zellulitis verschwindet. Es ist einfach unmöglich, Fett aus dem menschlichen Körper wegzumassieren, zu schütteln, zu kneten oder zu klopfen.
Halten Sie sich noch einmal folgende Tatsachen vor Augen:

- Zellulitis ist nichts anderes als Fett, und zwar in Form von gespeichertem, subkutanem Fett und Depot-Fettzellen.
- Jegliches Fett, das der Körper speichert, egal, wo es ist, ist schwer wieder zu entfernen.
- Frauen speichern zweimal soviel Fett an ihren Hüften und Oberschenkeln wie

Männer. Das kommt durch die Fähigkeit der Frau, Kinder zu bekommen und durch die weiblichen Hormone.

- Der Orangenhauteffekt kommt durch die Kombination von vergrößerten Fettzellen, Verlust der Muskelgröße und -kraft und das natürliche Altern des Bindegewebes.
- Fett kann nicht aus dem menschlichen Körper herausmassiert, geschwitzt, gesaugt, geknetet oder gedrückt werden.
- Der einzige effiziente Weg, Zellulitis wegzubekommen, ist der einer eingeschränkten, kalorienarmen Diät, um die gespeicherten Fettzellen zu verkleinern, und ein richtiges Muskel- und Aerobic-Training, um die darunterliegenden stützenden Muskeln zu stärken.

Wenn Sie also unter Zellulitis leiden, liegt es nur an Ihnen, wie weit Sie diesen Zustand erhalten wollen. Der Weg zu einer wohlgeformten Figur führt nun einmal nur über Diät und hartes Training.

»Die Drei«: Kraft – Ausdauer – Gelenkigkeit

Was zeichnet einen Sportler aus?
Nehmen wir das Beispiel eines Zehnkämpfers. Dieser Spitzensportler benötigt drei Grundvoraussetzungen:

Ausdauer
Gelenkigkeit
Kraft

Damit ausgerüstet kann er aber noch immer nicht seinen Zehnkampf durchführen, denn es fehlen ihm weitere Voraussetzungen. Dazu gehört die Fertigkeit, die aus Technik und Taktik besteht. Erst alle vier Komponenten zusammen ergeben in ausgereiftem Zustand einen Superathleten, wie es beispielsweise Jürgen Hingsen ist. Sie können sich nun vorstellen, welch ein Trainingspensum einem Erfolg im Zehnkampf vorangeht.
Aber Sie wollen ja sicher kein Spitzenathlet in irgendeiner Sportart werden. Dieses Beispiel sollte nur verdeutlichen, welche Komponenten in die Ausübung einer Sportart eingreifen. Spielen Sie beispielsweise Tennis, so benötigen Sie ebenfalls diese drei Grundkomponenten und auch die Fertigkeit, richtig mit dem Schläger umzugehen.
Selbst im alltäglichen Leben spielen »die Drei« eine Rolle. Nun werden Sie denken, daß Sie als »Büromensch« kaum Kraft, wenig Ausdauer und überhaupt keine Gelenkigkeit benötigen. Sicherlich haben Sie auf den ersten Blick recht, aber wie wärs mit einem Computerbediener beispielsweise, der neben seiner Intelligenz und seiner Fähigkeit, logisch denken zu können, auch noch ein gewisses Maß an Fitness mitbringt. Seine Gelenkigkeit, Kraft und Ausdauer physisch gesehen beschränkt sich zwar auf die Bewegung der zehn Finger unter Einbeziehung von etwas Armbewegung, aber er wird sich sicherlich agiler und wohler fühlen, bezieht er körperliches Training in sein Tagespensum mit ein. Er wird frischer und voller Energie an seine Arbeit gehen, automatisch einen gesünderen Ernährungsweg einschlagen und sicher nicht durch Bauchfülle auf Abstand zu seiner Tastatur gezwungen sein.
Jeder Beruf verlangt heute sehr viel, und dies ist im Endeffekt nur unter Einbeziehung von Körpertraining möglich. Werfen Sie einen Blick auf die japanische Nation, dort hat man schon lange den Sinn des Körpertrainings erkannt, Mitarbei-

ter dieses bienenemsigen Volkes sind gezwungen, während der Arbeitszeit in bestimmten Intervallen Körpergymnastik auszuführen.
»Die Drei«, Kraft, Ausdauer und Gelenkigkeit sind nun einmal wichtig für unser tägliches Leben. Wir müssen zu Leistungen fähig sein, müssen uns bewegen können und auch ein gewisses Maß an Ausdauer mitbringen – es sind natürliche Gaben, die uns Menschen mitgegeben wurden und die wir unter keinen Umständen vernachlässigen sollten.
Die vielen negativen Beispiele sollten uns jedesmal, wenn wir sie sehen, eine Warnung sein, mit dem Ergebnis, daß wir uns immer wieder bemühen, unseren Körper zu trainieren!

Was müssen Sie beim Gerätekauf beachten?

Wenn Sie *Ausdauer* und *Gelenkigkeit* alleine trainieren wollen, dann können Sie mit einem Minimum an Geräten oder Sportartikeln auskommen, aber das Krafttraining bildet nun einmal einen wichtigen Bestandteil im Körpertraining, und somit kommen Sie um die Anschaffung von Geräten nicht herum.
Sicher können Sie Liegestützen machen, jeden Tag ein Bierfaß stemmen oder gar den Expander ziehen. Unser Training soll aber progressiv sein, also immer wieder mit erhöhten Belastungen, die man auch dosieren kann. Hierzu gibt es nun einmal nur das Eisen, sprich Hantel oder Eisengewichte, um den Anforderungen eines durchdachten und gezielten Trainings gerecht zu werden.
Grundsätzlich unterscheiden wir drei Arten von »Krafttrainingswerkzeugen«, die den Sinn haben, der menschlichen Muskelkraft einen Widerstand entgegenzusetzen. Diese drei Gerätearten wollen wir uns näher betrachten, Vor- und Nachteile und Funktionsweise ansehen.

Hanteln

Man unterscheidet zwischen Kurz- und Langhanteln, wobei es sich um verschieden lange Stangen handelt, auf denen die sogenannten Hantelscheiben aufgesteckt sind. Früher benutzte man Kugelhanteln, die an eine feste Gewichteinheit gebunden waren. Heute kann man durch Wahl der Hantelscheiben das Gewicht, mit dem man trainieren will, selbst bestimmen.
Während es bei den Hantelscheiben kaum Unterschiede gibt, sollte man beim Kauf von Hantelstangen schon etwas näher hinsehen und wählerisch sein. Achten Sie auf *Verchromung* (nichtrostend, wenn Sie in Ihrem vielleicht etwas feuchten Keller Ihr Privatsportstudio einrichten oder die Hantelstangen im Garten dem Regen aussetzen) und vor allen Dingen darauf, daß die Kurz- und Langhantelstangen an den *Griffbereichen geriffelt* sind. Dies ist sehr wichtig, denn es ist nicht nur unangenehm, wenn beispielsweise beim Langhanteldrücken die Hände während der Bewegungen immer mehr »auseinanderwandern«, sondern es erzeugt auch ein unsicheres Gefühl.
Die Hantelscheiben müssen nicht unbedingt verchromt sein, da man diese nicht wie die Stangen bei der Übungsausführung anfaßt. Wenn Sie jedoch sehr viel im

Freien trainieren und die Hantelscheiben somit der Witterung ausgesetzt sind, ist es zu empfehlen, verchromte Hantelscheiben zu kaufen.
Wichtig ist in diesem Zusammenhang noch, daß die Hantelscheiben mit einem *Stellring an der Stange fixiert* werden, um ein Herunterfallen zu vermeiden.
Als Anfangsset empfiehlt der Autor die nachfolgende Grundausrüstung, die immer wieder erweitert werden kann. Sie brauchen nicht gleich zu Beginn Ihrem Studio das Aussehen einer Gewichtheberarena zu geben.
Einkaufsliste für den ersten Hantelsatz:

2 Kurzhantelstangen
1 Langhantelstange
4 Scheiben à ½ kg
4 Scheiben à 2 ½ kg
4 Scheiben à 5 kg
2 Scheiben à 10 kg

Dies genügt vorerst vollkommen als Erstausrüstung; wenn Sie es ganz genau nehmen wollen, können Sie noch 2 Scheiben à 15 kg dazunehmen, womit Sie aber schon sehr gut ausgerüstet sind.
Sicher kann man die Sache weitertreiben. Trainiert man beispielsweise im Duo, also als Paar, ist es sicherlich unangenehm, andauernd die Scheiben auf den Hantelstangen wechseln zu müssen. Da wäre es dann schon sinnvoll, später noch mehr Scheiben und einen zweiten Stangensatz dazuzukaufen.

Trainingsbänke

Mit dem Kurzhantelsatz und der Langhantel können Sie schon eine ganz nette Serie an Übungen ausführen, meist jedoch stehend, womit es nahe liegt, sich eine Trainingsbank anzuschaffen.
Sicher können Sie sich mit einer Sitzbank oder selbst zurechtgezimmerten Übungsbank erst einmal helfen, aber auf Dauer ist dies sicher keine Lösung.
Trainingsbänke werden in den verschiedensten Ausführungen angeboten. Sparen Sie sich den Kauf einer sogenannten Flachbank, die keine Variation zuläßt. Wenn Sie schon eine Trainingsbank kaufen, sollte die *Liegefläche verstellbar* sein, und zwar nicht nur bis zu 45 Grad, sondern noch steiler. Finden Sie eine Trainingsbank, bei der man die Liegefläche fast senkrecht stellen kann, so greifen Sie zu. Natürlich sollte beim Schrägstellen immer noch eine Sitzfläche vorhanden sein.

Diese sollte möglichst etwas abgekantet sein, damit Sie während der Übungen nicht abrutschen. Hat diese Bank einen haltbaren Bezug und steht stabil auf dem Boden, ist dies schon ein wesentlicher Entscheidungspunkt zu einem Kauf.
Es gibt darüber hinaus noch ausgeklügeltere Trainingsbänke, die allerdings bis 1 000 DM kosten. Aber die Ausgabe lohnt sich, wenn Sie daran denken, daß Sie diese Trainingsbank lebenslang benutzen können. Es gibt kaum Verschleißteile, wenn man einmal vom Bezug absieht, der ja ohne Probleme ersetzt werden kann.
Die neue »Trainingsbankgeneration« bietet Vielfältiges:

- verstellbare Sitzfläche
- verstellbare Liegefläche
- Stabilität, die ein Festschrauben am Boden überflüssig macht
- einsetzbare Holme, um Barrenstütz ausführen zu können
- Holme zur Langhantelablage, um das Bankdrücken und auch Kniebeugenübungen zu unterstützen
- Haltevorrichtungen, um Bauchübungen ausführen zu können
- einsetzbares Schrägbrett zur Unterstützung des Bizepstrainings.

Der Umfang der Übungsmöglichkeiten an solch einer Bank ist sehr groß, und zusammen mit dem beschriebenen Hantelsatz lassen sich Übungen für fast alle Muskelgruppen durchführen. Es fehlt lediglich noch eine Klimmzugstange im Trainingsraum, die man selbst einbauen kann.
Es lohnt sich also, Geld in eine sehr gute Übungsbank zu investieren, bildet sie doch das Zentrum eines Privatsportstudios. Dadurch kann man auf viele Zusatzgeräte wie Hantelständer, Bizepscurlbank und separater Schrägbank verzichten. Denken Sie dabei auch an den Vorteil des Platzsparens.
Die schon erwähnte *Klimmzugstange* ist ein weiteres Gerät, das Sie sich gut von einem Schlosser machen lassen können. Mit dieser Klimmzugstange haben Sie dann noch den Vorteil, daß Sie mit einem Haken eine *Seilumlenkrolle* einhängen können. An einem Ende wird ein Griff oder ein ungefähr ein Meter langes Rohr befestigt und am anderen Ende einige Hantelscheiben angebracht. Mit dieser Vorrichtung können Sie dann ganz gut Seilzugübungen machen. Befestigen Sie genau unter dieser eingehängten Rolle noch eine zweite am Boden, dann haben Sie eine weitere Umlenkung, die Ihnen mit etwas Fantasie viele Übungen erlaubt.
Darüber hinaus gibt es noch viele weitere Geräte, aber die Entscheidung zum Kauf wird wohl von dem zur Verfügung stehenden Platz und vom Geldbeutel abhängen. Beachten Sie jedoch immer folgende Punkte:

- Qualität der Verarbeitung
- Standfestigkeit der Geräte
- Haltbarkeit der Bezüge
- Übungsangebot des Gerätes.

Trainingsmaschinen

Diese kommen für Sie zur Einrichtung eines Heimstudios weniger in Frage, da sie sehr teuer sind und viel Platz benötigen. Die Wirkung beim Training mit ausgeklügelten Trainingsmaschinen mit sogenannten Exzentern ist enorm groß und so effektiv, daß Sie nur sehr kurz trainieren müssen, um zu guten Ergebnissen zu kommen. Beim Training mit diesen Maschinen, deren Preisgestaltung von 3 000 DM bis 20 000 DM reicht, ist der Muskel vom Beginn bis zum Ende der Bewegung kontinuierlich belastet, was beim einfachen Hanteltraining nicht der Fall ist. Das Training an diesen Maschinen ist so effektiv, da der Widerstand sich an die sogenannte Kraftkurve des Muskels – die Muskelkraft variiert von Stellung zu Stellung – anpaßt, was die Trainingswirkung deutlich erhöht.
Wenn Sie sich mit dem Gedanken tragen, einen optimalen Gerätepark einzurichten, müssen Sie mit ungefähr 60 000 DM rechnen. Um alle Muskelgruppen richtig trainieren zu können, brauchen Sie ungefähr zwölf verschiedene Geräte, was gleichzeitig einen großen Platzbedarf zur Folge hat. Hierzu sollten Sie sich jedoch bei verschiedenen Fachadressen eingehend informieren, um Fehlinvestitionen vorzubeugen.

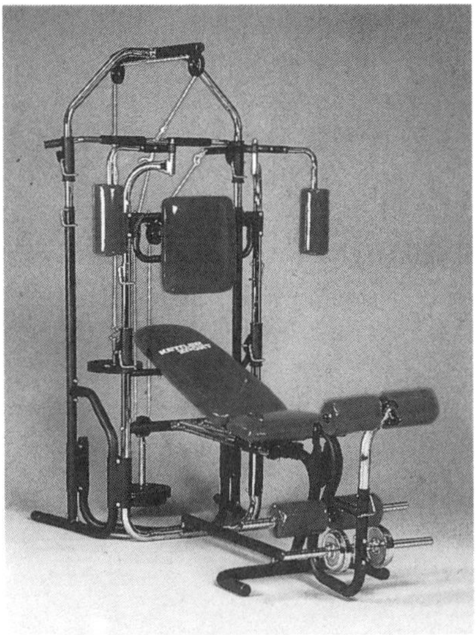

Bodybuilding-Center

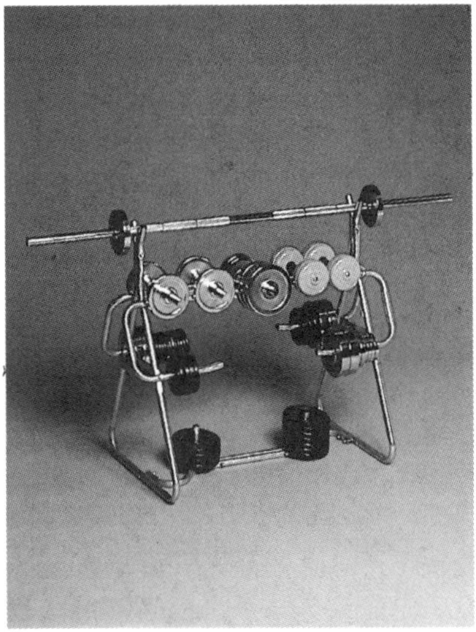

Hanteln

Trainingskleidung

Nach diesen ausführlichen Erklärungen über Hanteln, Trainingsbänke und Trainingsmaschinen zur Trainingskleidung. Wählen Sie diese der Temperatur angeglichen, die im Trainingsraum herrscht. Weder ein dickes Vermummtsein ist vorteilhaft noch das Training in einem knappen Bikini.
Muskeln sollen zwar warm gehalten werden, unnötiges Schwitzen soll man jedoch vermeiden.
Begehen Sie nicht den Irrtum zu glauben, daß man durch starkes Schwitzen abnimmt! Beim Schwitzen werden wertvolle Mineralien ausgeschieden, die zur Aufrechterhaltung der Körperfunktionen und zur Leistung wichtig sind. Was Sie beim Schwitzen verlieren, ist Wasser, das Sie zwangsläufig ersetzen werden. Wasser ist kein Fett, das Sie abnehmen!
Aber auch zu leichte Kleidung ist unter Umständen nicht gut, da sonst Gelenke, Sehnen und Bänder auskühlen, was zu Verletzungen führen kann. Vermeiden Sie auf jeden Fall Zugluft im Trainingsraum, dies kann Ihrem Körper schaden oder zu Erkältungen führen, wenn der Körper durch das Training eine höhere Temperatur hat.
Schwitzen ist eine Schutzfunktion, eine dadurch erhöhte Körpertemperatur ebenfalls, stören Sie nicht abrupt und schockierend diesen Vorgang!
Wahlweise ein leichter oder etwas wärmerer Trainingsanzug ist vorteilhaft.
Denken Sie auch an Schuhe, die Ihren Fuß stabilisieren und eine gute Einlage haben. Denken Sie daran: Sie wollen Sport betreiben und gehen nicht zu einer Modenschau!

Bevor Sie mit dem Training beginnen...

Alle Dinge im Leben, so auch Ihr Training, sollten vorbereitet werden. Nehmen Sie sich dazu Ihr Trainingsbuch, welches ein ständiger Begleiter während Ihres Trainingsprogrammes sein wird und erstellen sich nun selbst einen Leitfaden.

Die Planung

Befassen wir uns erst einmal mit der Planung. Wir hatten schon in vorherigen Abschnitten darüber gesprochen, daß Sie Ihre Ziele skizzieren sollen.
Hierbei sollten Sie die Ziele in drei Hauptpunkte unterteilen:
1. Sofortziel
2. Mittelfristiges Ziel
3. Langfristiges Ziel

Um diese Planung zu erstellen, schreiben Sie erst einmal alle Ziele und Wünsche auf. Notieren Sie alles der Reihe nach. Überschlafen Sie Ihre Liste und nehmen Sie sie am nächsten Tag noch einmal vor und überarbeiten sie. Eine Liste für die mittelfristigen Trainingsziele könnte ungefähr so aussehen:
1. Zusätzliche Übungsbank kaufen
2. Drei Zentimeter am Bauch abnehmen
3. Trainingsplan für den nächsten Monat erstellen
4. Waldlauf für nächsten Monat einplanen
5. Buch über Ernährung lesen – Schwerpunkt Vitamine
6. Nächste Trainingsplanung auf großem Bogen Papier erstellen und im Trainingsraum an Wand anbringen

Sicherlich wird Ihnen die Planung mancher Ziele lächerlich erscheinen, vielleicht tragen Sie sich mit dem Gedanken, diese »Sachen alle im Kopf auszuführen«. Denken Sie hierbei an einen Wissenschaftler, der seine Forschungen nur mit solchen Plänen vorantreibt und jede Kleinigkeit berücksichtigt.
Nun gehen Sie sogar noch weiter und zerlegen diesen Plan mit folgenden drei Fragepunkten:

1. Was brauche ich
2. Wen brauche ich
3. Was muß ich tun

Rechenaufgaben werden mit Bleistift und Papier ausgerechnet, warum nicht »eine Planung mit Worten?«
Die Planung für den Kauf einer Übungsbank würde dann in etwa so aussehen:

1. Was brauche ich?
   a. Geld
   b. Das Wissen, welche Bank ich kaufe
   c. Ein Geschäft, wo ich die Bank kaufe
2. Wen brauche ich?
   a. Eventuell einen Berater
   b. Eventuell einen Fachmann in Sachen Bodybuilding
   c. Einen Bekannten, der schon ein Heimstudio hat und mich beraten kann
3. Was muß ich tun?
   a. Geld zusammensparen
   b. Vergleiche in Preis und Qualität in Geschäften anstellen
   c. Prospekte und Informationen sammeln
   d. Einen Berater/Fachmann suchen, der mich unterstützt
   e. Die Trainingsmöglichkeiten und Vielseitigkeit der Trainingsbänke im Verhältnis zu den Übungsmöglichkeiten vergleichen

Dies ist nur ein einfaches Beispiel, aber es lohnt sich, solch eine Planung zu erstellen. Immerhin ist es besser, sich ein paar Minuten Gedanken zu machen, als kopfüber das erste Gerät zu kaufen, das dann aufgrund irgendwelcher Fehler bald nutzlos in der Ecke herumsteht.
Solch eine Planung bringt Sie in Ihrer Entscheidung, etwas zu kaufen, zu tun oder zu unternehmen, voran. Vielleicht kommen Sie sogar zu dem Schluß, diese oder jene Idee oder Überlegung wieder als nutzlos zu verwerfen.
Skizzieren Sie nach diesem Schema jeden Plan, ob Sie nun etwas kaufen wollen, starkere Arme bekommen wollen oder den Plan haben, ein paar Zentimeter an der Bauchgegend abzunehmen.
Probieren Sie es, und Sie werden überrascht sein, wie Sie Ihr Training in den Griff bekommen!

Wenn Sie auch heute noch nicht mit dem Training beginnen werden, so fangen wir dennoch in unserem Erfolgsbuch an. Tragen Sie zuerst das Datum ein, es beginnt heute für Sie eine bedeutende Zeit!
Dann wiegen Sie sich und tragen Ihr Körpergewicht ein.
Jetzt wird es schon etwas interessanter. Die nachfolgenden Abbildungen zeigen, welche Maße Sie an Ihrem Körper messen sollen. Nehmen Sie ein flexibles Meßband, und messen Sie zuerst den *Halsumfang,* danach den *rechten* und *linken Oberarm.* Es folgt das Abmessen der *Brust,* der *Taille,* der *Hüfte* und des *Gesäßes* sowie der *Oberschenkel.* Zum Schluß messen Sie die *Waden.* Legen Sie das Meßband leicht um die Körperpartien, und seien Sie in der Abmessung ehrlich (siehe Fotos). Tragen Sie alle Maße wie auf der Tabelle dargestellt genau ein.
Es folgen die sogenannten »Pinch-Grips«, eine relativ unbekannte Meßmethode, mit der Sie die Veränderung Ihres Fetthaushaltes feststellen können.
Schieben Sie einfach neben dem Nabel die Hautfalte zusammen, und messen Sie die Dicke ab. Das gleiche machen Sie an der Rückseite des Oberarmes und an dem Oberschenkel (siehe Fotos S. 35 ff.).
Es gibt auch spezielle »Grip-Geräte«, die Sie benützen können. Tragen Sie ebenfalls sämtliche Maße in Ihr kleines Büchlein ein.

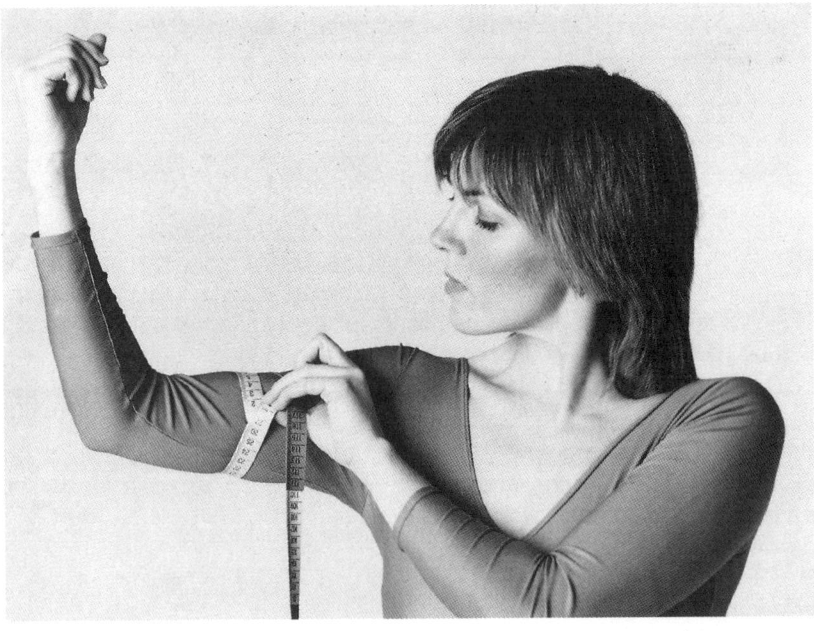

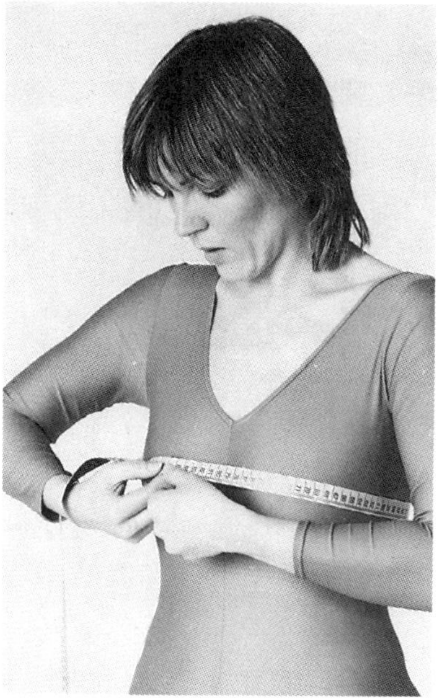
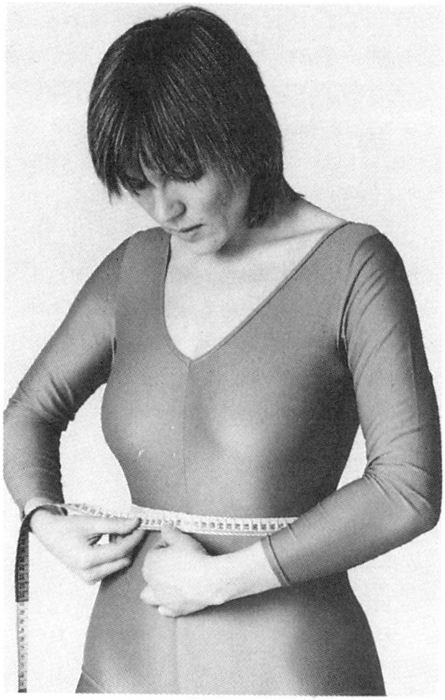
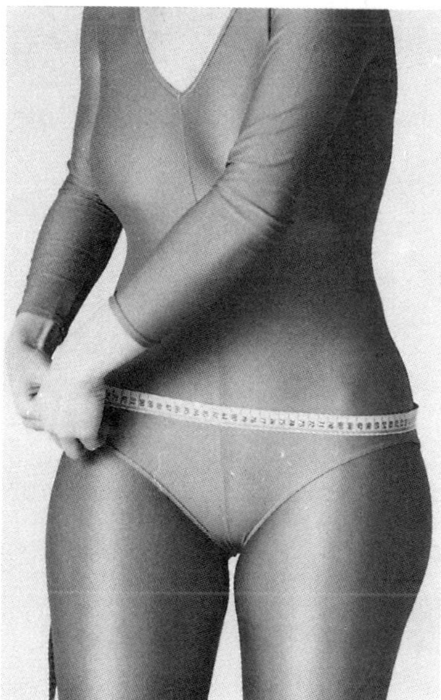

Nun zeichnen Sie eine Tabelle wie die Abbildung auf Seite 37, auf der Sie dann Ihre Körpergewichtsveränderung eintragen können. Ihr Ausgangsgewicht – hier im Beispiel 55 kg – tragen Sie in Form einer gestrichelten Linie ein. Nun wiegen Sie sich alle 14 Tage und kreuzen Ihr Gewicht an. Sie können auch die Grafik ändern und sich alle 8 Tage wiegen, ein Wiegen an jedem Tag jedoch ist überflüssig. Mit kleinen Kreuzen ist hier ein Beispiel vorgefertigt bis zum 1. 7.

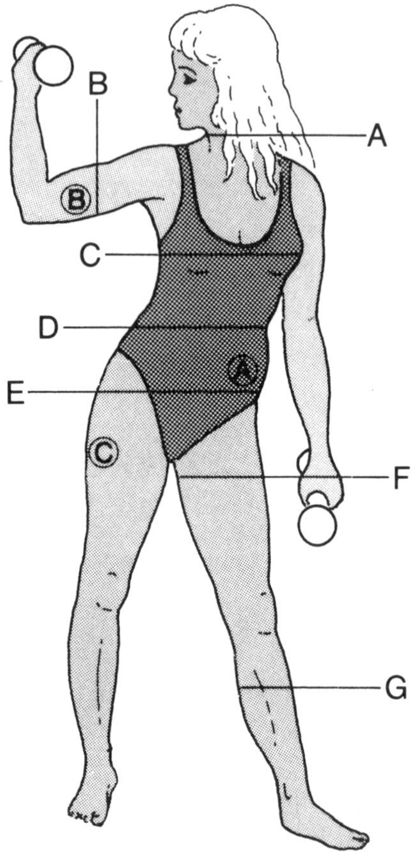

»Pinch-Grip«

Ⓐ ______________________

Ⓑ ______________________

Ⓒ ______________________

A	Hals	______________________	
B	Oberarm	rechts __________	links __________
C	Brust	______________________	
D	Taille	______________________	
E	Hüfte und Gesäß	______________________	
F	Oberschenkel	rechts __________	links __________
G	Wade	rechts __________	links __________

Sie haben es schon gesehen: In diesem realen Beispiel ging die Gewichtsabnahme sehr langsam vor sich, und das hat zwei Gründe und ist auch vollkommen richtig.

Zum ersten verlieren Sie, wenn Sie eine Diät anfangen und dazu auch noch Bodybuilding betreiben, gar nicht so rasch an Gewicht. Nicht enttäuscht sein! Sie verlieren sehr viel, und dieses Viel ist sehr wünschenswert: Es ist nämlich ausschließlich *Fett*.

Auf der anderen Seite jedoch bauen Sie *Muskulatur* auf, und Muskeln wiegen ebenfalls, sogar viel mehr als Fett. Sie tauschen also Fett gegen Muskeln. Und denken Sie daran: Obwohl Muskulatur schwerer ist als Fett, »trägt sie nicht so dick auf«.

Sie können also praktisch Gewicht halten und Zurufe ernten wie »Mensch, bis du aber schlank geworden!«

Nach diesem kurzen Zwischenkommentar machen wir weiter mit unserem Büchlein: Sie sollten von sich 3 Fotos machen, und zwar von vorne, von der Seite und von hinten. Gut geht dies mit einer Polaroidkamera – Ihre Freundin wird Ihnen sicher helfen – oder mit einer normalen Kamera mit Selbstauslöser. Einen Weg gibt es immer, allzu spöttischen Kommentaren eines Fotobeauftragten aus dem Wege zu gehen. Nun kleben sie diese 3 Fotos ebenfalls in Ihr Buch ein. Was Sie nun haben, ist eine Eröffnungsbilanz, und zwar eine sehr umfangreiche. Betrach-

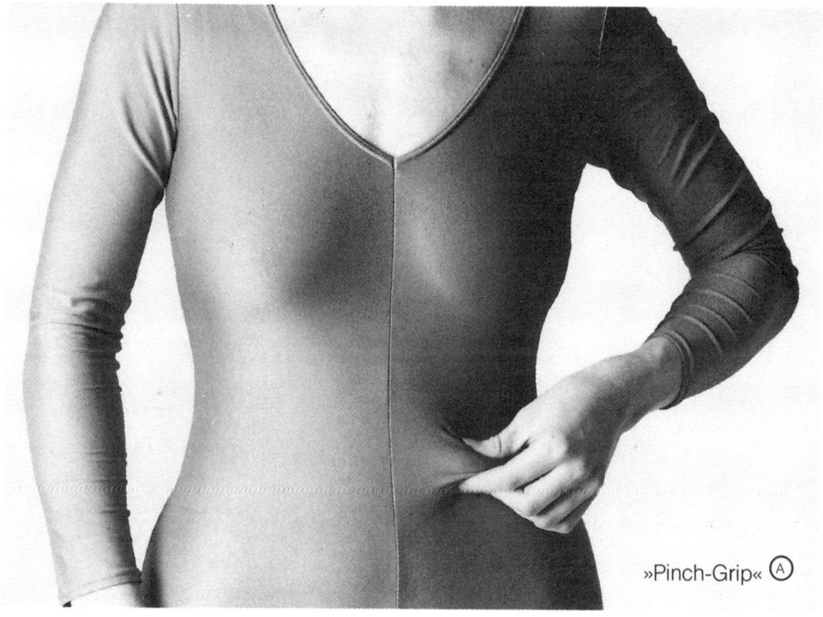

»Pinch-Grip« Ⓐ

ten sie diese Bilanz als Startlinie – heute – zu einem neuen Leben in schlankem, kräftigem und gesundem Aussehen!

Und wie Sie das wünschen, schreiben Sie nun als heutigen Abschluß in Ihr Buch: das Körpergewicht, das Sie erreichen möchten, die anzustrebenden Körpermaße, die »Pinch-Grip«-Abmessungen und auch das Verschwundensein eventuell vorhandener Makel, wie Zelluliteerscheinungen, unreiner Haut oder unnatürlicher krummer Körperhaltung.

Seien Sie genau in Ihren Eintragungen, lesen Sie Ihre gestellten Wünsche immer wieder durch, hüten Sie Ihr Büchlein wie einen kleinen Schatz, tragen Sie es immer bei sich.

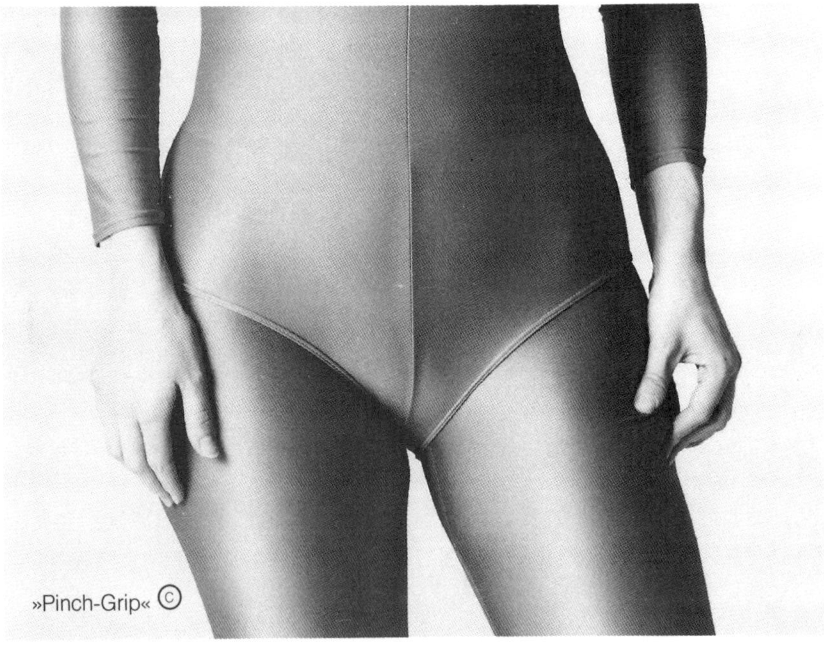

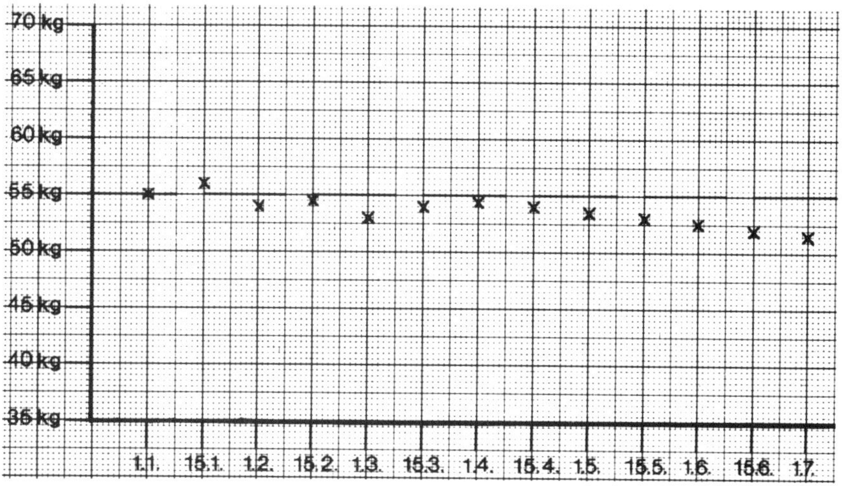

Eintragungen zum Körpergewicht (Beispiel)

Die Tageszeit zum Trainieren

Welche Tageszeit eignet sich am besten zum Training?
Dies ist individuell sehr verschieden. Es gibt Sportler, die springen morgens um sechs aus den Federn, laufen eine Stunde im Wald umher und trainieren dann noch ihre Muskeln mit den Hanteln. Andere wiederum brauchen eine Anlaufzeit, um auf Touren zu kommen und können erst am Nachmittag oder am Abend trainieren.
Sie selbst werden schnell herausfinden, wann »Ihre Stunde schlägt«.
Hierbei ist noch zu berücksichtigen, daß Sie das Training ja in Ihre Tagesplanung aufnehmen müssen. So wird ein Frühaufsteher, der um sieben das Haus verlassen muß, um pünktlich an der Arbeitsstelle zu sein, kaum vorher trainieren können.
Es gibt viele Wege, um das Training zu planen. So können Sie beispielsweise morgens laufen, abends Hanteltraining betreiben oder beide Dinge am Abend zusammenlegen. Schließlich gibt es ja noch das Wochenende, das man mit einplanen kann. Bringen Sie ruhig *Variationen* in *Ihr Training* und legen Sie das Training am Wochenende auf eine andere Tageszeit als während der Woche, wobei Sie am Wochenende auch einmal Ihren Trainingsaufbau abändern können und sich beispielsweise auf eine andere Art warmmachen.

Vorher aufwärmen – wie?

Sicher setzen Sie sich nicht in Ihr Auto, um dann gleich wie wild loszubrausen. Sie wärmen erst einmal den Motor an, indem Sie am Anfang etwas langsam fahren. Auch ein Läufer im Stadion rennt nicht ohne sich vorher aufzuwärmen los, und ein Ballettänzer ist ebenfalls nicht in der Lage, sofort die so anmutig aussehenden Sprünge ohne Vorwärmung auszuführen.
Einer der wichtigsten Ratschläge in diesem Buch lautet daher:
Wärmen Sie sich vor dem Training auf!!!
Nicht ohne Grund sind drei Ausrufezeichen gesetzt, denn Aufwärmen hat den Sinn, Verletzungen zu vermeiden!
Es gibt aber noch einen anderen, ebenso wichtigen Ratschlag, den Sie beherzigen sollten:
Bevor Sie mit dem Training anfangen, konsultieren Sie Ihren Arzt. Dies gilt ebenso für gesunde Menschen (oder die sich für gesund halten) als auch für Menschen, die hier oder da ein Wehwehchen oder größere gesundheitliche Probleme haben. Sicher kann man verschiedene gesundheitliche Probleme »wegtrainieren«. Dies geht jedoch nicht bei allen, und so ist es unbedingt notwendig, daß Sie Ihren Arzt fragen, bevor Sie die Hantel bewegen, Joggingsport betreiben oder ein Stretching-Programm beginnen.
Kommen wir zum *Aufwärmen* zurück: Machen Sie vor dem Hanteltraining oder vor einem Waldlauf etwa 10 Minuten Gymnastik, wobei alle Muskelgruppen angesprochen werden sollten. Beginnen Sie mit Armkreisen, machen Sie ein paar Liegestütze, Kniebeugen und Rumpfbeugen. Kreisen Sie die Schultern und machen Sie einige leichte Sprünge oder laufen Sie leicht auf der Stelle. Bald ist Ihr Körper »auf Betriebstemperatur« und Sie können mit dem eigentlichen Training beginnen.
Eine weitere Methode zum Aufwärmen stellt das *Stretching* dar. Durch Stretching bringen Sie Ihren Körper auf die richtige Betriebstemperatur, ohne die noch kalten Muskeln, Sehnen und Bänder zu überlasten.
Aus diesem Grund stellen wir Ihnen eine Auswahl von Dehnübungen vor, die Sie sowohl vor dem Training als auch danach durchführen sollten.
Stretching nach dem Krafttraining ist deswegen besonders gut, weil dadurch die stark ermüdete Muskulatur wieder gedehnt wird und besser durchblutet werden kann.

»Stretching« – mehr als nur Aufwärmtraining

In erster Linie macht Stretching – besser Dehnung – gelenkig und beweglich. Daraus resultierend werden Sie geschmeidiger, empfinden mehr Freude an der Bewegung. Und wenn Sie Freude an der Bewegung haben, tun Sie es auch: sich bewegen.
Der Mangel unserer Zeit? Bewegungsmangel! Muskelverspannung! Versteifung der Gelenke! Streß und sogar Angst! Und diese Mängel »bekämpft« Stretching!
Es wäre mit dem Gewissen des Autors einfach nicht vereinbar, würde er Ihnen Dinge, wie »Schlank und Fit im Nu« oder »Schönheit über Nacht« durch Stretching, versprechen. Sie würden zwar beginnen, mit Begeisterung und Elan zu stretchen, der Erfolg aber bliebe aus. Sie wären enttäuscht, und zwar nicht nur vom Mißerfolg her, sondern ebenfalls vom Autor!
Die Schlankheitsfans und Übergewichtigen brauchen nun nicht sofort das Buch in das Regal einzureihen. Der Verfasser führt Sie trotzdem noch an andere Erfolge heran als an die durch Stretching bewirkten.
Stretching macht nämlich körperbewußt, führt Sie an den Sport heran, macht Sie fit fürs Laufen und für Bodybuilding. Und diese »Sportarten« wiederum sind ideal für die Figurenformung, für die Stärkung der Muskeln und für das Herz-Kreislauf-System. Schon beim Stretch-Training entwickeln Sie automatisch ein Gefühl für gesunde Ernährung, was wiederum auf Umwegen weitere Erfolge bringt.

Ein Gelenk – was ist das eigentlich?

»Stretching« kommt aus dem Englischen und bedeutet strecken, recken, dehnen. Dehnung – wir wollen in den kommenden Abhandlungen bei diesem Wort bleiben – hat seine Vorteile (und hier muß nun der Autor den Zeigefinger erheben), wenn es »richtig« gemacht wird!
Also, stretchen heißt strecken, recken, dehnen. Das Ergebnis? Mehr Gelenkigkeit. Und dieses Wort stammt von dem Wort Gelenk, womit wir beim Thema sind.
Bevor wir nun die ersten Streckübungen machen, sollten wir doch einen kurzen Blick in unser Inneres tun, uns kurz Gedanken über unseren Körper, speziell über unsere Gelenke machen. Wir bestehen aus einem Skelett, einem Knochengerüst, das durch die Muskulatur aufrecht gehalten wird. Ohne Muskeln gibt es kein Ste-

hen oder gar Bewegen, ohne Muskeln würden wir auf dem Fußboden zusammenrasseln, übrig bliebe eine unförmige Masse.
Aber etwas anderes hält unser Skelett noch zusammen: Sehnen und Bänder. Diese verbinden die Knochen untereinander, damit beispielsweise »der Arm an der richtigen Stelle gehalten wird«. Diese Stellen sind durch den Knochenbau, eben durch die Gelenkkonstruktionen vorgegeben.
Gelenke sind wie Baukonstruktionen. Beobachten Sie einmal einen Turmdrehkran: Er dreht sich, der Ausleger bewegt sich auf und ab, und innerhalb des Auslegers sind bei speziellen Konstruktionen noch einmal Bewegungen möglich. Bei uns ist nun ein Gelenk eine bewegliche Knochenverbindung. Den Grad der Beweglichkeit bestimmt in erster Linie die Konstruktion bzw. Form des Gelenks. Diese Form ist durch die Knochen vorgegeben. Daß man die Knochenform durch ein Training der Gelenkigkeit nicht verändern kann, ist klar. Man kann ja auch nicht die Länge eines Knochens verändern. Und so ist erklärlich, daß von der Konstitution her der eine nach dem Training viel gelenkiger sein wird als der andere. Gelenkigkeit ist also auch eine Frage der Veranlagung. Aber natürlich wird derjenige mit veranlagungsmäßig schlechter Gelenkigkeit nach dem Training immer noch beweglicher sein als der Begünstigtere, der kein Dehnungstraining macht. Der Grund: Der Trainierende dehnt auch die Bänder und Muskeln und nutzt somit »seine Bewegungsmöglichkeiten innerhalb seiner Konstitution« aus.
Sicherlich kennen Sie ein Scharniergelenk. Öffnen Sie eine Tür, und beobachten Sie, wie diese aufgehängt ist. Auch bei einer Schere oder einer Zange haben wir ein Scharniergelenk. Sie sehen aber auch, daß der Bewegungsradius begrenzt ist. Genauso verhält es sich bei unserem Scharniergelenk beispielsweise zwischen Ober- und Unterarm. Wir können den Unterarm anbeugen, bis die Hand die Schulter berührt, das Ausstrecken ist begrenzt, bis der Arm total gestreckt ist. In der Technik haben wir ein Kugelgelenk bei einer Anhängerkupplung eines Pkw, an der der Wohnwagen befestigt wird. Auch hier sind Bewegungsgrenzen gesetzt, wie bei unserem Schultergelenk, oder enger eingegrenzt bei unserem Hüftgelenk. Wir können die Arme im Schultergelenk kreisen lassen. Der Bewegungsradius ist sehr groß und uns natürlich auch willkommen. Die Beweglichkeit im Hüftgelenk ist etwas geringer. Das kommt dadurch, daß die sogenannte Pfanne nicht so flach konstruiert ist wie beim Schultergelenk, weil das Hüftgelenk »mehr tragen muß« und so größere Stabilität verlangt.
Wir sprachen schon davon: Die Bänder halten die Gelenke zusammen, die Muskulatur stabilisiert das Gelenk ebenfalls. Die Muskeln haben aber noch die Aufgabe, Bewegung in die Gelenke zu bringen.
Jede Maschine muß geschmiert werden, sonst würde das Material sehr schnell verschleißen. Bald wäre die Vorrichtung defekt, unbrauchbar. Wir haben sogenannte Gelenkknorpel, die kontinuierlich mit Nährstoffen geschmiert werden.

Bei den Gelenken herrscht eine enge Zusammenarbeit zwischen der Muskulatur und der Knochenführung sowie der Bänderführung. So ist erklärlich, daß bei schwacher Muskulatur die Verletzungsgefahr beim Sport und im täglichen Leben weitaus höher liegt.
Es ist ein Irrtum, daß durch Dehnung allein die Verletzungsgefahr herabgesetzt wird. Durch ein Dehnungsprogramm wird lediglich die Körpertemperatur leicht erhöht, was etwas der Verletzungsgefahr entgegenwirkt. Eine starke Muskulatur dient dahingehend richtig vorbeugend.
So sollte auch ein Unterschied gemacht werden zwischen dem Dehnungstraining und dem Aufwärmtraining vor einer sportlichen Tätigkeit oder gar einem Wettbewerb. Das Aufwärmtraining »wärmt« die Muskulatur vor und vermindert so das Verletzungsrisiko bei plötzlichen, ruckartigen Kraftanstrengungen, was durch ein reines Gelenkigkeits- und Dehnungstraining nicht erreicht werden kann.
Konsequenz: Zu einem guten Dehnungsprogramm sollte ein Muskeltraining hinzugenommen werden. Dies sollte kurz und »richtig« sein. Wir werden uns damit noch später befassen.

Über Sehnen

... haben wir bisher noch gar nichts gelesen.
Sehnen sind Bindeglieder zwischen Muskeln und Knochen. Sie wissen ja: Beugen Sie den Arm an, so verdickt sich der Bizepsmuskel. Diese Verdickung kommt daher, daß sich dieser Muskel verkürzt, er zieht den Unterarm näher an den Oberarm heran. Dazu muß er, der Bizepsmuskel, mit den Knochen verbunden sein. Diese »Befestigung« heißt Sehne. Sie ist eine Fortsetzung des Muskelbündels, die bis in die Knochensubstanz hineinreicht.
Nun können Sie sich auch denken, wie es zu Sehnenentzündungen kommt. Sie hängen mit der Muskelbeanspruchung zusammen. Jede Kette ist nur so stark wie das schwächste Glied. Muskeln können sehr stark sein, so stark, daß die Sehnen nicht mehr halten oder schnell verschleißen. Es kann aber auch durch Überdehnungen zu Sehnenzerrungen kommen – ein Warnzeichen an Sie, das Dehnungsprogramm stufenweise aufzubauen.
10 Jahre ohne Dehnungstraining kann man mit einem Programm über 14 Tage nicht wettmachen! Denken Sie an einen langsamen Fortschritt, der dann um so sicherer ist.
Sehnen und auch Bänder unterliegen also einem Verschleißprozeß. Was kann man dagegen tun? Man sollte Extrembelastungen unterlassen und seine Muskeln stärken!
Sie sehen, der Körper arbeitet in allen Vorrichtungen Hand in Hand. Trainieren Sie

parallel mit dem Dehnungsprogramm Ihre Muskulatur, vermeiden Sie nicht nur Verletzungen, sondern »bauen Ihren gesamten Körper auf«. Wenn Sie nun noch ein aerobisches Training, das Herz und Kreislauf trainiert, mit in Ihr Programm einbeziehen, sind Sie auf dem Weg zu besten Gesundheit unter Ausschluß aller Risikofaktoren, sofern Sie alle Programme richtig anwenden.

Und nun fangen wir endlich an!

Bei der Durchführung der nachfolgenden Dehnübungen sollten Sie folgende Punkte unbedingt beachten:

- Machen Sie die Übungen langsam, ohne zu wippen
- Dehnen Sie die jeweilige Muskelgruppe bis zum Endanschlag, ohne daß Schmerzen oder unangenehme Empfindungen entstehen
- Das Dehnungsausmaß ist dann richtig dosiert, wenn während dieser gehaltenen Dehnung das Spannungsgefühl nachläßt
- Die Dehnung sollten Sie 10–30 Sekunden halten
- Beenden Sie die Dehnung nicht abrupt
- Führen Sie jede Übung insgesamt 3mal durch, wobei zwischen den einzelnen Dehnphasen 30 Sekunden Pause sein sollte
- Atmen Sie gleichmäßig und halten Sie auf keinen Fall die Luft an

Stretch-Übung 1

Stellen Sie sich gerade hin, und lassen Sie die Arme locker herunterhängen. Nun senken Sie den Kopf nach vorne. Dieser Vorgang – das gilt für *alle* Übungen – soll nicht ruckartig geschehen, sondern fast im Zeitlupentempo.
Sobald Sie ein leichtes Ziehen im Nakken verspüren, halten Sie mit der Bewegung an. In dieser Position – wie es die Abbildung zeigt – halten Sie den Kopf ungefähr 30 Sekunden.
Und wie ist das möglich, 30 Sekunden »in den Griff zu bekommen«?
Zählen Sie lautlos langsam vor sich hin bis 30.
Nach 30 Sekunden nehmen Sie mit dem Kopf wieder die Normalhaltung ein. Auch diese Rückbewegung muß ruckfrei und langsam geschehen.

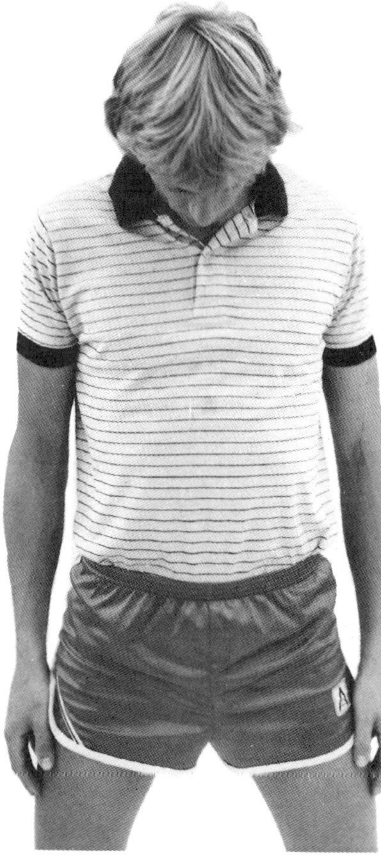

Abb. Stretching 1

Stretch-Übung 2

Sie zeigt das Dehnen in Gegenrichtung. Wieder stehen Sie gerade und lehnen nun den Kopf nach hinten.
Denken Sie wieder an eine ruckfreie Bewegung, denken Sie daran, nicht zu weit zu dehnen und an das Halten für 30 Sekunden.

Abb. Stretching 2

Stretch-Übung 3

Auch hier stehen Sie wieder gerade und neigen den Kopf dann zur rechten Seite.
Nach dem Anhalten mit einer Dauer von 30 Sekunden nehmen Sie den Kopf wieder zurück und dehnen ihn dann zur linken Seite hin.

Abb. Stretching 3

Stretch-Übung 4

Setzen Sie sich auf den Boden, und spreizen Sie die Beine. Diese Spreizung sollte jedoch nicht so weit gehen, daß Sie Schmerzen verspüren; dies gilt für *alle* Übungen.

Nun beugen Sie sich zum rechten Bein und neigen den Oberkörper nach vorne, wie es die Abbildung zeigt. Falls Sie noch nicht so beweglich sind, wie hier gezeigt wird, sollten Sie sich langsam mit den Händen vortasten, bis es Ihnen eines Tages möglich ist, mit dem Kopf das Knie zu berühren.

Sehr wichtig bei dieser Übung ist, daß Sie beide Beine gestreckt halten.

Selbst auf die Gefahr der Wiederholung hin: Machen Sie keine ruckartigen Bewegungen oder Anstrengungen, bis Sie irgendwelche Schmerzen verspüren. Sie werden bald selbst sehen, daß ein schmerzfreies Dehnen Sie gelenkiger macht, Ihre Dehnungsfähigkeit wird »von selbst« immer größer.

Nun wenden Sie sich mit dieser Übung dem linken Bein zu und führen die Übung genauso wie oben beschrieben aus.

Eine Variation zu dieser Übung ist die Übung Nr. 5.

Abb. Stretching 4

Stretch-Übung 5

Hierbei nehmen Sie das linke Bein nach hinten, wie auf der Abbildung zu sehen, und halten es mit der linken Hand fest. Nun strecken Sie den Oberkörper wieder zum rechten Bein hin. Anschließend wechseln Sie zur anderen Seite hinüber.

Abb. Stretching 5

Stretch-Übung 6

macht Ihre Taille beweglicher.
Stehen Sie mit leichtem Spreizschritt, stemmen Sie die Hände in die Hüften, und bewegen Sie sich ohne Anstrengung nach rechts. Halten Sie so 30 Sekunden aus, und drehen Sie sich dann von der Normalstellung aus für 30 Sekunden nach links.

Abb. Stretching 6

Stretch-Übung 7

Stehen Sie wiederum in einer leichten Grätschstellung, und legen Sie die Hände mit den Handinnenflächen auf den oberen Schenkelbereich, fast an die Hüften.

Nun beugen Sie den Oberkörper nach vorne, so daß ein rechter Winkel entsteht. Der Oberkörper ist lediglich im unteren Rückenbereich abgeknickt.

Dies ist eine gute Vordehnung für die nächste Übung.

Abb. Stretching 7

Stretch-Übung 8

Hier gehen Sie mit dem Oberkörper weiter hinunter und berühren mit den Fingerspitzen Ihre Zehen.
Die Yogis wissen schon, daß sie die jahrtausendealte Tradition nicht der Tradition wegen fortsetzen, sondern wegen des Gefühls der Entspanntheit und der Gelassenheit. Ihnen macht es wenig aus, wenn sie plötzlich mit Problemen konfrontiert werden. Ihre Ruhe und Geduld ist sprichwörtlich.
Ob Stretching gefährlich ist?
Alles ist gefährlich, wenn Sie es falsch machen. Essen kann gefährlich sein, Autofahren, über die Straße gehen, Arbeiten, Jogging, zu lange Fernsehen, Aerobic und Bodybuilding, schlichtweg alles! Machen Sie es falsch, so ist auch Stretching gefährlich. Zwar belasten die Übungen nicht das Herz-Kreislauf-System, aber ruckartige Überdehnungen in falscher Weise bringen Gefahren mit sich.

Abb. Stretching 8

Stretch-Übung 9

ist eine ähnliche Übung. Hierbei werden die Beine gekreuzt, wie es die Abbildung deutlich zeigt.
Im 1. Teil der Übung berühren Sie mit den übereinandergelegten Händen den linken Fuß.
Danach überkreuzen Sie die Beine zur anderen Seite und berühren dann mit beiden Händen den rechten Fuß.

Abb. Stretching 9

Stretch-Übung 10

Hier wird es noch etwas extremer: Sie stehen in einer Spreizstellung, die jedoch nicht so weit sein sollte, daß Sie Schmerzen verspüren.
Nun berühren Sie mit beiden Händen erst für 30 Sekunden die rechte Fußspitze, dann für 30 Sekunden die linke Fußspitze.

Abb. Stretching 10

Stretch-Übung 11

ist etwas dynamischer und kraftvoller. Sie stellen das rechte Bein nach vorne und strecken das linke Bein nach hinten aus.
Nun beugen Sie den Oberkörper nach vorne, so daß dieser den Oberschenkel berührt und berühren mit den Handflächen den Fuß. Dehnen Sie auch den linken Fuß.
Danach wechseln Sie die Beinstellung, indem Sie das linke Bein nach vorne stellen und die Übung wiederholen.

Abb. Stretching 11

Stretch-Übung 12

Legen Sie sich mit dem Bauch flach auf den Boden, und stützen Sie die Hände neben dem Körper ab.
Nun richten Sie ganz langsam Ihren Oberkörper auf und halten auch den Kopf gerade.
Gehen Sie, besonders am Anfang, nicht zu weit nach oben. Im Lauf der Zeit werden Sie im Rückenbereich flexibler, und ganz von alleine wird Ihr Dehnungsbereich größer.
Auch diese Position wiederum 30 Sekunden halten.

Abb. Stretching 12

Stretch-Übung 13

Legen Sie sich zuerst flach auf den Rükken und legen die Arme seitlich an den Körper.
Nun heben Sie zuerst die Beine an, dann den Körper, bewegen die Beine gestreckt nach hinten, bis die Fußspitzen den Boden berühren. Halten Sie die Beine gestreckt.
Auch bei dieser Übung nicht übertreiben, machen Sie keine ruckartigen Bewegungen, und seien Sie nicht enttäuscht, wenn Sie in den ersten Wochen noch nicht mit den Fußspitzen bis zum Boden kommen. Geduld ist hier am Platze, mit Gewalt schaden Sie eher, als daß es Ihnen etwas nützt.

Abb. Stretching 13

Stretch-Übung 14

Von der geraden, normalen Sitzstellung beugen Sie den Oberkörper nach vorne und strecken die Arme unter dem Stuhl aus, wie es die Abbildung zeigt.

Abb. Stretching 14

Stretch-Übung 15

Legen Sie sich flach mit dem Bauch auf den Boden.
Umfassen Sie mit den Armen je den linken und rechten Fuß, und ziehen Sie langsam die Beine und den Oberkörper nach oben.
Verharren Sie so 15–30 Sekunden lang.

Abb. Stretching 15

Stretch-Übung 16

Sie setzen sich auf den Boden und strecken beide Beine aus. Auch die Füße sollten gestreckt sein.
Nun beugen Sie langsam Ihren Oberkörper nach vorne und umfassen Ihre Füße. Versuchen Sie, auch mit den Ellbogen den Boden zu berühren. Auch hier bitte keine Gewaltanwendung.
Es dauert nicht lange, und Sie werden bald, wie aus der Abbildung ersichtlich, mit dem Kopf Ihre Knie berühren können.

Abb. Stretching 16

Stretch-Übung 17

zeigt wieder eine Gegenbewegung. Knien Sie auf dem Boden. Nun beugen Sie sich langsam nach hinten über und stützen sich mit gestreckten Armen ab, wie aus der Abbildung ersichtlich. Sie sollten hier eine Dehnung in den Oberschenkeln verspüren.

Abb. Stretching 17

Stretch-Übung 18

zeigt eine Drehbewegung aus der Taille. Setzen Sie sich seitlich auf einen Stuhl, fassen Sie die Rückenlehne an, und drehen Sie den Oberkörper aus der Taille.
Auch hier nicht die Gegendrehung zur anderen Seite vergessen.

Abb. Stretching 18

Stretch-Übung 19

Setzen Sie sich auf den Boden, legen Sie die Fußsohlen gegeneinander, umfassen Sie mit den Händen die Fußspitzen, neigen Sie den Oberkörper etwas nach vorne, und drücken Sie mit den Ellbogen leicht die Knie nach unten. Wie bei allen Übungen sollten Sie die Bewegung nicht ruckartig oder mit Gewalt durchführen. Sie werden bald selbst merken, daß es Ihnen keine Mühe mehr macht, diese Stellung durchzuführen.

Abb. Stretching 19

Stretch-Übung 20

Legen Sie sich flach auf den Boden, und strecken Sie die Arme über dem Kopf aus.
Strecken Sie Hände und Füße, strecken Sie immer mehr, recken Sie sich, und entspannen Sie sich wieder.
Diese Übung sollten Sie vor jedem Dehnungsprogramm machen und auch als Abschlußübung. Wenn Ihnen danach zumute ist, können Sie diese Übung auch zwischen den einzelnen Übungen einschieben.

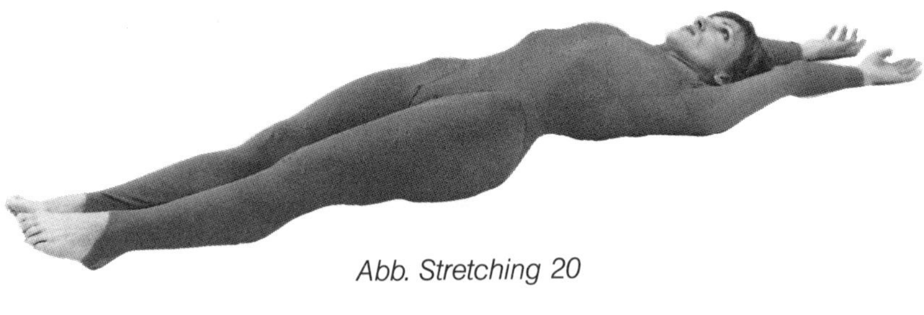

Abb. Stretching 20

Stretch-Übung 21

Stellen Sie sich aufrecht hin. Die Füße schulterbreit auseinander.
Strecken Sie die Arme nach oben, und schieben Sie die Hände ineinander, die Handinnenflächen zeigen nach oben. Nun recken und strecken Sie sich langsam nach oben, und halten Sie die Position für etwa 30 Sekunden.

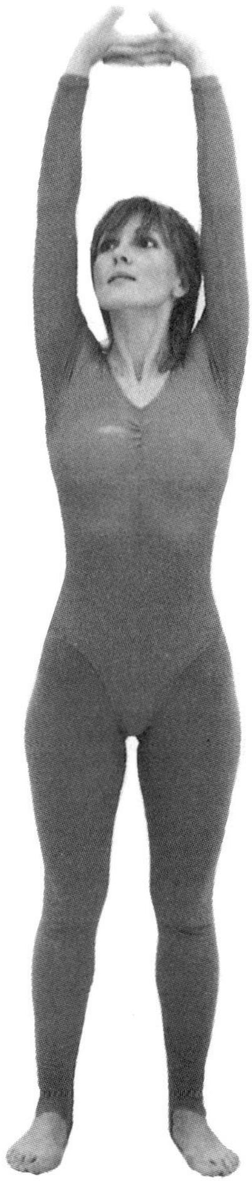

Abb. Stretching 21

Stretch-Übung 22

Wir wollen nun die Schultern lockern und auch beweglicher machen.
Fassen Sie einen Besenstiel an den äußeren Enden, und bewegen Sie nun den Besenstiel langsam – vom Bauch beginnend bis über den Kopf – nach oben und wieder hinunter.
Machen Sie die Übung wirklich langsam, sanft und ruckfrei. Wiederholen Sie sie 12mal.

Abb. Stretching 22

Stretch-Übung 23

Stellen Sie sich gerade hin, schieben Sie die Finger wieder ineinander und drücken die Handinnenflächen nach unten, indem die Arme hinter dem Rükken gestreckt werden.

Abb. Stretching 23

Stretch-Übung 24

Stehen Sie schulterbreit. Nehmen Sie den rechten Arm nach oben und beugen den Ellbogen, so daß Sie mit der Hand Ihren oberen Rücken berühren. Mit Hilfe des linken Arms schieben Sie nun den rechten Arm am Ellbogen nach hinten.
Nach 30 Sekunden wiederholen Sie diesen Vorgang mit dem anderen Arm.

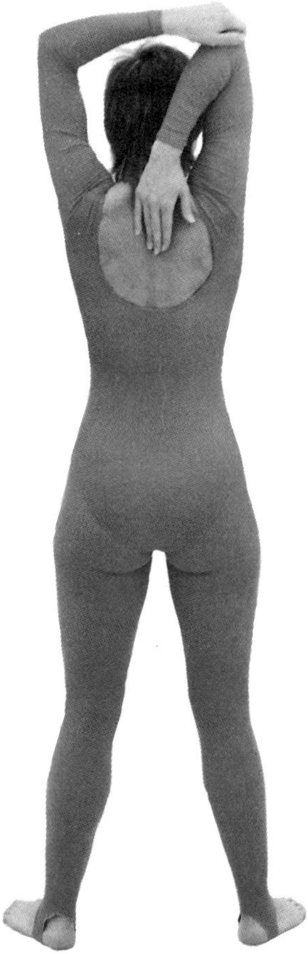

Abb. Stretching 24

Stretch-Übung 25

Setzen Sie sich mit gestreckten Beinen auf den Boden, und beugen Sie langsam den Oberkörper nach vorne.
Umfassen Sie Ihre Füße, und versuchen Sie, mit den Ellbogen auf den Boden zu kommen. Wichtig dabei ist, daß sie den Oberkörper aus der Hüfte heraus nach vorne beugen.
Verharren Sie in der für Sie bequemen Position 30 Sekunden lang.

Abb. Stretching 25

Stretch-Übung 26

Legen Sie sich seitlich auf den Boden, und stützen Sie Ihren Oberkörper auf dem Ellbogen ab.
Mit der anderen Hand umfassen Sie das Fußgelenk des abgewinkelten Beins und ziehen es nach hinten zurück.
Wiederholen Sie die Übung mit dem anderen Bein.

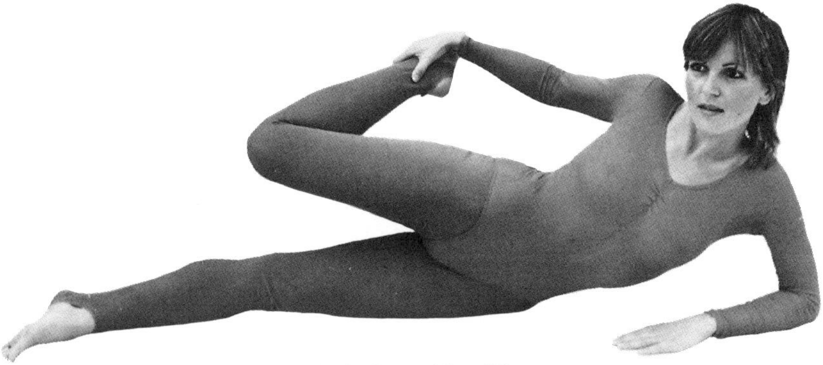

Abb. Stretching 26

Stretch-Übung 27

ist keine eigentliche Dehnübung, sondern mehr eine Kräftigungsübung.
Legen Sie sich mit angewinkelten Beinen auf die Erde, die Fußflächen bleiben auf dem Boden.
Verschränken Sie die Arme hinter dem Kopf, und bewegen Sie langsam Ihren Kopf und Ihre Schultern nach oben. Sie brauchen nicht mit dem ganzen Oberkörper nach oben zu kommen. Der Bauchmuskel, der hier gestärkt werden soll, hat nur einen kleinen Bewegungsradius. Es genügt also, wenn Sie nur einige Zentimeter mit dem Oberkörper vom Boden abheben. Das Beste ist, Sie »rollen« Ihren Oberkörper auf, Wirbel für Wirbel.

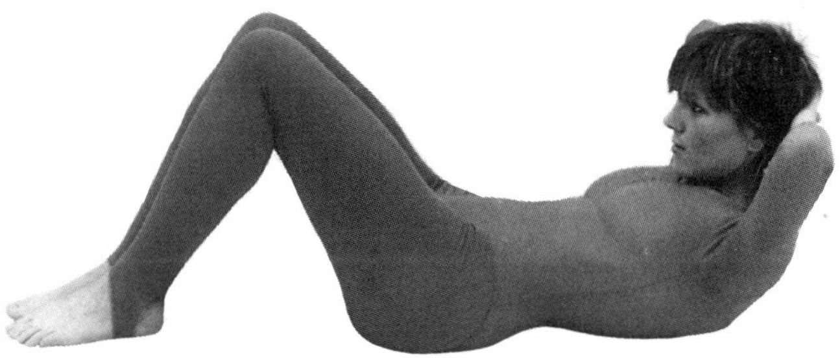

Abb. Stretching 27

Stretch-Übung 28

ist für Sie neu. Setzen Sie sich auf den Boden und ziehen Sie sanft ein Bein mit den Händen an den Körper heran. Das andere Bein nicht vergessen!

Abb. Stretching 28

Stretch-Übung 29

Bei dieser Übung haben wir eine Variante, indem wir uns an einem an den Füßen fixierten Besenstiel sanft nach vorne ziehen.

Abb. Stretching 29

Stretch-Übung 30

Sie sitzen auf dem Boden.
Während das linke Bein ausgestreckt ist, halten Sie das rechte Bein mit der Fußsohle an die Innenseite Ihres linken Beines.
Ergreifen Sie nun mit beiden Händen das ausgestreckte Bein, wie es die Abbildung deutlich zeigt.

Abb. Stretching 30

Stretch-Übung 31

Legen Sie sich auf den Rücken, und spreizen Sie die Beine.
An Ihren Füßen sind Eisenschuhe angeschnallt.
Nun führen Sie Ihre Beine zusammen, bis Ihre Füße sich berühren.

Gehen Sie dann behutsam wieder in die Ausgangsstellung, ersichtlich aus der Abbildung 31, zurück.
Sie dehnen mit dieser Übung Ihren Spreizschritt und stärken die Innenseiten der Oberschenkel.

Abb. Stretching 31

»Wie« trainieren – ein wichtiges Kapitel

Nicht hirnlos drauflostrainieren ist Trumpf, sondern richtig trainieren ist ein ganz wichtiger Aspekt.
Lassen Sie uns die Vorteile des »richtigen« Trainings, das wir in diesem Kapitel besprechen wollen, einmal ansehen:
Richtiges Training:

- vermeidet Verletzungen
- spart Zeit
- strafft schneller Ihre Figur
- baut schneller Muskulatur auf
- ist gesünder
- macht mehr Spaß
- hält Ihre Motivation länger aufrecht
- vermeidet Übertraining
- schont Gelenke

kurz gesagt: Richtiges Training bringt Sie effektiver auf gesundem Wege zu Ihrem Ziel!

Die korrekte Trainingsform

Was denken Sie, ist besser? Die Hantel schwungvoll nach oben zu schwingen oder die Bewegung langsam durchzuführen?
Mit Schwung können Sie zwar mehr Gewichte bewegen, aber lassen Sie diesen Unsinn. Sie belasten erstens nur unnütz Ihre Gelenke und überlisten den Muskel, dabei wird dieser nicht effektiv belastet und somit auch nicht produktiv trainiert.
Und wie sollte die Bewegung richtig aussehen?
Sie können einen ganz einfachen Test ausführen, den Sie in kaum einem »Lehrbuch über Bodybuilding« finden. Hierbei stellen Sie sich auf eine Personenwaage und stemmen eine Hantelstange von 20 bis 25 Kilo so weit nach oben, bis die Arme ausgestreckt sind. Nach einer Sekunde lassen Sie die Hantelstange wieder ab. Auf der Waage können Sie »Ihren« Trainingsstil ablesen. Je weiter der Zeiger ausschlägt, um so unkorrekter haben Sie die Bewegung ausgeführt.

Mit anderen Worten:
Führen Sie die Bewegung langsam aus und bremsen Sie das Gewicht nach dem Herablassen wieder langsam ab.
In Zahlen ausgedrückt:
Die *Aufwärtsbewegung* sollte rund vier Sekunden dauern, die *Abwärtsbewegung* drei Sekunden und alles in einer weichen und behutsamen Bewegungsart.
Mit dieser Trainingsart sind Sie den meisten Trainierenden weit voraus. Sie können das selbst beurteilen, denn Sie »überlisten« den Muskel nicht, sondern dieser muß auf dem ganzen Weg des Bewegungsablaufes arbeiten, wobei es auf der Hand liegt, daß Sie durch weiches Abbremsen der Hantel nach dem Herablassen die Gelenke kaum mehrbelasten.
Lassen Sie dagegen das Gewicht schnell herunter und federn Sie abrupt ab, dann kommt es zu einer Mehrbelastung Ihrer Gelenke, die dem drei- bis vierfachen des Hantelgewichtes entsprechen. Dies machen Ihre Gelenke auf Dauer nicht mit, und da der gesundheitliche Aspekt im Vordergrund stehen sollte, tun Sie sich selbst einen großen Gefallen, alle Übungen langsam auszuführen.

Dauer und Häufigkeit des Trainings

Dies ist ebenfalls ein äußerst wichtiges Kapitel. Ein Großteil der Sportler, die mit Gewichten trainieren, tun dies nach dem Motto »viel hilft viel«.
Da dies total falsch ist, sollte Ihr Motto lauten:
Lieber etwas weniger trainieren, dafür aber *intensiver, langsamer* und *ausgeklügelter.*
Dies sieht fast wie ein Widerspruch aus, aber wir wollen uns diese Problematik einmal genauer ansehen.
Der Muskel wird während des Trainings gereizt, er bekommt die Warnung, daß in nächster Zeit wieder eine Belastung kommen kann und er versucht, stärker zu werden.
Hierzu braucht der Muskel neben wohldosiertem Training Ruhe und Energie. Was ist nun, wenn so viel trainiert wurde, daß der Körper keine Energie mehr hat, um sich zu erholen und um Muskelwachstum zu garantieren? Es kommt zu keinem Muskelwachstum und im extremsten Fall zu einer Rückentwicklung.
Beim Muskeltraining ist das fast wie bei einem Tanz auf dem Seil, es muß eine feine Trennlinie zwischen zuviel und zuwenig Training gezogen werden. Aber es ist dann immer noch besser, etwas weniger zu trainieren als zuviel.
Bei *zuviel Training* kommt es neben dem Ausbleiben der gewünschten Trainingsanpassungen noch zu einer Reihe weiterer untrüglicher Signale. Dies sind *Schlaflosigkeit, Appetitlosigkeit, Unruhe, Unlust* und *fehlende Motivation.*

Anfänger machen oft den Fehler, daß sie am Anfang viel zu oft trainieren, sich dabei voll verausgaben und nach ein paar Wochen einfach wieder aufhören. Sie sollten nicht in diese Sackgasse rennen. Beginnen Sie Ihr Training langsam und übertreiben dabei nicht. Versuchen Sie lieber intensiver zu trainieren, als zu oft und dabei wenig produktiv.
Intensiver trainieren, was ist das?
Wir werden im Kapitel für »Fortgeschrittene« noch eingehender darauf zurückkommen, aber auf eine Kurzformel gebracht heißt *Intensivtraining:*
Eine solche Belastung wählen, daß gerade 12 Wiederholungen korrekt ausgeführt werden können.
Die Zwölf sollte Ihre magische Zahl sein, Ihr Ziel! Sind Sie fähig, in irgendeiner Übung mehr als 12 Wiederholungen auszuführen, so erhöhen Sie das Gewicht. Zwangsläufig werden Sie wieder »unten« anfangen, nur rund acht oder neun Wiederholungen schaffen. Wieder haben Sie Ihre Zwölf als Ihr Ziel vor sich. Eines Tages werden Sie auch mit diesem Gewicht wieder so weit sein, daß Sie dieses Ziel erreicht haben. Anschließend wird wieder ein schwereres Gewicht für die nächste Trainingssitzung genommen.
So sieht richtiges Training aus, wenn Sie die Übungen korrekt, ohne Schwung und nicht zu schnell ausführen. Dadurch kommen Sie schnell und ohne Umwege zu Ihrem Ziel.
Nun haben wir uns mit Wiederholungen befaßt und stehen nun vor der Frage, wie oft wir eigentlich trainieren sollten.
Wir haben gelesen, daß der Muskel Ruhe braucht um auszuruhen. Wir halten uns an diese Regel und legen nach jedem Trainingstag einen Ruhetag ein.
Einen Tag Training, einen Tag Ruhe.
Dabei ist es egal, ob Sie auch ab und zu zwei Ruhetage einplanen. So können Sie beispielsweise Montag, Mittwoch und Freitag trainieren und den Samstag und Sonntag als Ruhetag ansehen. Die Planung ist individuell und Ihnen überlassen, solange Sie sich an die Regel halten, mindestens einen Ruhetag nach jedem Trainingstag einzuplanen.
Dies gilt auch dann, wenn Sie Joggen, Aerobic machen, Schwimmen oder eine andere Sportart durchführen. Trainieren Sie an einem Tag und gönnen Sie dann Ihrem Körper Ruhe, er wird es Ihnen danken, sich erholen und bestens für den neuen Trainingstag vorbereitet sein!
Kommen wir noch zur *Dauer des Trainings.* An und für sich spielt die Trainingsdauer selbst keine bedeutende Rolle. Es gibt Bodybuilder, die stundenlang trainieren, dadurch jedoch nicht intensiv genug, denn so lange kann man sowieso nicht intensiv trainieren. Oder man muß zu große Pausen zwischen den Sätzen einlegen. Dies dann mit »heute habe ich aber hart trainiert« zu bezeichnen ist falsch.

Ein gutes Training setzt sich aus 12 bis 14 Übungen zusammen, weist je Übung einen Satz auf und ist durch kurze Pausen zwischen den Sätzen gekennzeichnet. »Kurz und schmerzhaft« wäre eigentlich die richtige Devise eines solchen Trainings, das bei kleinem Zeitaufwand große Ergebnisse bringt.

Trainieren Frauen anders als Männer?

Zwischen Frauen und Männern gibt es in bezug auf die Muskulatur hinsichtlich Lage, Funktion und Muskelaufbau keine Unterschiede. Frauen haben lediglich durch die Hormonsteuerung nicht so ausgeprägte Muskeln wie Männer. Somit gibt es eigentlich keinen Grund, warum Frauen anders trainieren sollen.

Oft wird in Studios und auch in der Literatur empfohlen, daß die Frau mit höheren Wiederholungszahlen trainieren soll. Auf die Frage warum wird geantwortet, daß die Damen dann besser abnehmen, was Unsinn ist. Der einzige Vorteil bei höheren Wiederholungszahlen ist, daß sich der Kalorienverbrauch etwas erhöht. Vom Straffen und Schlankwerden an bestimmten Stellen durch Trainieren mit erhöhten Wiederholungen, von dieser These werden Sie sich ja mittlerweile durch Lesen dieses Buches distanziert haben.

Nun werden Sie vielleicht wieder einräumen, daß der erhöhte Kalorienverbrauch ja zum Abnehmen gut sei. Dieser Mehrverbrauch ist jedoch so gering, daß ein paar Kalorien beim Essen eingespart den gleichen Zweck erreichen. Die effizienteste Wiederholungszahl liegt nun mal zwischen 8 und 12 und in Ausnahmefällen, wie beim Beintraining, bei 15. Gehen Sie zu höheren Wiederholungszahlen über, dann betreiben Sie kein anspruchsvolles und erfolgversprechendes Training. Um zusätzlich Kalorien zu verbrauchen, ist ein Waldlauf von 20 bis 30 Minuten weitaus mehr zu empfehlen, dieser Lauf baut mehr Kalorien ab und wird zugleich in frischer Luft ausgeübt, was gut für die Sauerstoffversorgung ist.

Also, meine Damen, trainieren Sie genauso wie der Mann. Mit anderen Worten heißt dies, daß Sie den *gleichen Trainingsplan* zugrundelegen sollten, *die Trainingshäufigkeit* und *Trainingsdauer nicht verändern* sollten. Sie werden lediglich nicht diese hohen Gewichte benutzen können.

Nun sagen viele Frauen, sie möchten nur Beintraining machen und auf das Oberkörpertraining verzichten, denn sie wollen nicht durch Muskeln an Armen und Oberkörper in diesem Bereich breiter werden.

Auch das ist falsch, denn es soll und muß der gesamte Körper trainiert werden. Wenn Sie als Frau nur einen Zentimeter an der Schulterbreite zunehmen, wird Ihre Taille und Hüfte kleiner erscheinen, was man Bodybuilding oder Formen einer Symmetrie nennt.

Das Training selbst – die Reihenfolge ist wichtig!

Merken Sie sich hierzu einen sehr wichtigen Satz:
Trainieren Sie immer vom großen Muskel zum kleinen!
Was bedeutet das?
Große Muskeln benötigen bei intensivem Einsatz viel Energie. Da diese zu Beginn des Trainings noch da ist, sind ideale Voraussetzungen zum Training dieser großen Muskeln gegeben. Außerdem gibt es den sogenannten »Ausbreitungseffekt«, das heißt, würden Sie nur die Beine trainieren, würden automatisch die restlichen Muskeln, auch die des Oberkörpers, mitwachsen. Sehen Sie sich beispielsweise einen Hundertmeterläufer an. Er konzentriert sich in erster Linie auf sein Ziel, eben das Laufen. Sein Oberkörper ist jedoch ebenfalls nicht Durchschnitt, sondern dieser ist »mitgewachsen«, zwar nicht in dem Maße wie bei einem Zehnkämpfer oder gar einem Bodybuilder, aber immerhin.
Dann hat das Training mit der Priorität, erst die großen Muskeln zu trainieren, noch einen positiven Nebeneffekt. Die kleineren Muskeln werden schon etwas aufgewärmt und sind so zum Training besser bereit. Dazu kommt natürlich, daß sie nach dem Training der großen Muskeln, wenn die Energie schon etwas abflacht, immer noch gut trainiert werden können, denn das Bizepstraining mit einer leichteren Hantel benötigt nie die Energie wie 12 Kniebeugen mit einer schweren Langhantel.
Erst die großen Muskeln trainieren, dann die kleinen.
Im Training sieht dann die Reihenfolge so aus:

- Beine
- Rücken
- Brust
- Schultern
- Bizeps
- Trizeps
- Unterarme und unterer Rücken
- Bauch

Wenn Sie sich diese Liste genau ansehen, werden Sie einige Widersprüche erkennen. Die Bauchmuskulatur und die untere Rückenmuskulatur zählen ebenfalls zu den großen Muskeln, liegen aber beide am Ende der Reihenfolge. Dies ist darauf zurückzuführen, daß diese beiden Muskelgruppen schon beim Training der vorhergehenden Partien mittrainiert werden. Fangen Sie nun aber mit dem Training von Rücken und Bauch am Anfang einer Trainingseinheit an, dann sind diese beiden Muskelgruppen anschließend mehr oder weniger ermüdet und das Resttraining ist nicht mehr so effektiv. Das Training von Bauch und unterem Rücken ist jedoch sehr wichtig, da diese Muskeln das Bindeglied zwischen Oberkörper und Beinen darstellen. Sind diese schwach ausgebildet, so kann es zu Verletzungen kommen.

Sie heben eine schwere Hantel – schwer ist immer relativ gesehen – vom Boden auf, führen sie zur Schulter und stemmen sie wie ein Gewichtheber hoch. Hierbei setzen Sie Bein- und Oberkörpermuskulatur ein, aber auch Bauch und untere Rückenmuskulatur müssen eine große Kraftleistung vollbringen. Ist diese Kraft nicht vorhanden, so kommt es zu Schädigungen der Wirbelsäule.

Dazu noch einige Anmerkungen. Viele beginnen das Training mit Bauchtraining in der Absicht »aufzuwärmen«. Was soll denn aufgewärmt werden, der Bauch oder sämtliche Gelenke und Muskeln des gesamten Körpers? Sicher wird die Körpertemperatur durch das Bauchtraining etwas erhöht, aber dieser Minimalteil ist vollkommen ohne Bedeutung und kann nicht als Aufwärmen bezeichnet werden. Dann ist dazu noch zu sagen, daß durch starkes Bauchtraining der sogenannte Solar Plexus attackiert wird. Sie kennen das vom Boxen her. Unter dem Brustkorb liegt dieses Nervenzentrum, das ziemlich empfindlich ist. Ein gut gezielter Schlag läßt den Boxer zu Boden gehen. Machen wir starkes Bauchtraining, werden die Nerven, die hier zusammenlaufen, beansprucht, was einen hohen Verbrauch an Energie bedeutet. Diese fehlt dann zum weiteren Training, das anschließend nicht mehr so effektiv ausgeführt werden kann, wie es eben sein soll.

Wenn schon *Bauchtraining*, dann unbedingt am Ende des Trainings und – das sei vorweggenommen – *nicht mit ausgestreckten Beinen* am Bauchbrett, da sich sonst die Rückenwirbel stauchen, was gefährlich ist. Man findet diesen Unsinn oft auf den Trimmdichpfaden, wenn Fitneßportler zwischen mehreren Balken das Bauchtraining in der Art betreiben, daß Sie mit ausgestreckten Beinen weit nach hinten hinuntergehen.

Lassen Sie uns nun zum Kernpunkt des Buches kommen, zum Training selbst. Sicher werden Sie nun darauf fiebern, mit dem Training anfangen zu können. Wir befassen uns erst einmal mit dem Training ohne besondere Hilfsmittel. Sie werden staunen, was man mit etwas Fantasie und Erfindergeist anfangen kann. Hier die erste »Materialliste«:

- Jogginganzug
- Gute Joggingschuhe
- Eine Stoppuhr

- Zwei stabile Stühle mit Rückenlehne
- Eine stabile Stange aus Holz oder Metall
- Einen Trainingspartner

Und nun geht es los. Machen Sie zuerst Ihren Waldlauf. Ein Waldlauf ist auf jeden Fall besser als das Joggen auf der Straße, denn der Boden im Wald ist etwas weicher, was die Gelenke mehr schont und außerdem ist die Luft besser.
Suchen Sie sich eine Rundstrecke aus und laufen Sie diese in einem Tempo, so daß Sie sich noch mit Ihrem Trainingspartner unterhalten können. Verausgaben Sie sich auf keinen Fall und beginnen Sie langsam. Denken Sie an das Aufwärmen vor dem Lauf!
Die gelaufene Zeit notieren Sie in Ihrem Trainingsbüchlein. Eine Steigerung wäre es beispielsweise, daß Sie beim nächsten Lauf versuchen, diese Runde schneller zu laufen oder in der gleichen Zeit eine größere Strecke zurückzulegen.
Oder kombinieren Sie! Beim nächsten Waldlauf versuchen Sie mehr Strecke zurückzulegen, danach wiederum in kürzerer Zeit zu laufen.
Nach dem Waldlauf traben Sie langsam aus und begeben sich in Ihr Heimsportstudio, wo Ihre Materialien bereitliegen. Wenn Sie keine allzu große Distanz vom Waldlauf nach Hause haben, brauchen Sie nicht noch einmal ein großangelegtes Aufwärmtraining durchzuführen.
Erinnern Sie sich, daß wir bei den großen Muskeln beginnen wollen?
Wir beginnen mit dem Beintraining, wobei wir keine Hantelstange haben, die man als Zusatzgewicht auf den Rücken legen könnte und greifen somit vorerst zu anderen Hilfsmitteln. Wir machen die ganz normale Kniebeuge, halten dabei den Oberkörper so weit wie möglich aufrecht und gehen langsam nach unten, bis die Oberschenkel parallel zum Boden sind. Wir bremsen die Bewegung langsam ab und richten uns dann wieder mit Hilfe der Oberschenkelmuskulatur auf.
Achten Sie bei allen Übungen auf eine richtige Atemtechnik, wobei Sie besonders folgende Punkte beachten sollten:

- Halten Sie niemals während der Übungsphase den Atem an.
- Atmen Sie während der Negativbewegung – wenn Sie in die Kniebeuge gehen – ein.
- Atmen Sie während der Positivbewegung – wenn Sie sich aufrichten – aus.
- Kommen Sie bei schwereren Übungen aus der Puste, dann atmen Sie ganz bewußt kräftig weiter.

Es gibt noch eine andere Version des Oberschenkeltrainings, und wir starten unser Programm mit der ersten Übung:

Übung 1

1. Bezeichnung der Übung: Stuhl-Auftreten
2. Benötigte Geräte: ein Stuhl
3. Trainiert wird: die Oberschenkelmuskulatur
4. Mittrainiert wird: die Wadenmuskulatur
5. Anfangsstellung: 1a
6. Endstellung: 1b
7. Was Sie unbedingt beachten sollten: Springen Sie nicht auf den Stuhl, sondern verwenden Sie ausschließlich die Kraft Ihrer Oberschenkel und versuchen Sie den Oberkörper während der Übung aufrecht zu halten.
8. Beschreibung der Übung:
   Stellen Sie ein Bein auf den Stuhl, wie es die Abbildung 1a zeigt. Mit der Kraft des Oberschenkels »heben« Sie sich nach oben, bis Sie auf der Sitzfläche des Stuhles stehen. Mit dem gleichen Bein steigen Sie wieder ab und nehmen das Antrittbein ebenfalls herunter. Sie stehen nun wieder vor dem Stuhl und beginnen den gleichen Vorgang, nur mit dem Unterschied, daß Sie mit dem anderen Bein beginnen.
   Durch Anlegen einer Bleiweste oder irgendeiner Beschwerung am Körper können Sie ohne viel Aufwand diese Übung später schwerer und damit effektiver gestalten.

Abb. 1a

Abb. 1b

Gehen wir zu unserer Tabelle zurück und sehen nach, was wir nun trainieren müßten. Die nächste Muskelgruppe, die trainiert werden soll, ist *der Rücken.* Auch hier können wir improvisieren. Sehen Sie sich einmal die Abbildung 2a und 2b an. Beim Zusammenbau dieses Übungsgerätes achten Sie nur darauf, daß die Sitzflächen der gegeneinandergestellten beiden Stühle irgendwie beschwert werden, sonst kann Ihr Bauwerk während der Übung zusammenklappen.

Übung 2

1. Bezeichnung der Übung: Rudern im Hängen
2. Benötigte Geräte: zwei Stühle und eine stabile Stange
3. Trainiert wird: die gesamte Rückenmuskulatur
4. Mittrainiert werden: der Unterarm und der Bizeps
5. Anfangsstellung: 2a
6. Endstellung: 2b
7. Was Sie unbedingt beachten sollten: Ziehen Sie sich nicht ruckartig nach oben. Sind Sie »oben«, halten Sie diese Stellung und lassen Sie sich dann langsam wieder ab. Jede Positivbewegung (Anziehen) sollte rund drei Sekunden dauern, jede Negativbewegung (Ablassen) ungefähr vier Sekunden.

Abb. 2a

Abb. 2b

8. Beschreibung der Übung:
   Nach dem Aufbau Ihres »Gerätes« legen Sie sich unter die quergelegte Stange. Nun fassen Sie die Stange mit beiden Händen und ziehen sich, so weit wie es Ihnen möglich ist, an diese heran. Nach einem kurzen Moment lassen Sie sich wieder ab und wiederholen diese Übung.
   Sie können Variation in die Übung hineinbringen, indem Sie beim nächsten Training die Griffbreite verändern.

Als nächste zu trainierende Muskelgruppe kommt das Training der *Brust* dran. Beim Beintraining wissen Sie, welche Aufgabe dieser Muskel im alltäglichen Leben hat, bei der Brustmuskulatur scheitern schon viele in der Erklärung der Aufgabe dieses Muskels. Zu wissen, welche Aufgabe die einzelnen Muskeln haben, ist wichtig. Sie können daraus wichtige Erkenntnisse ableiten und auch Ihr Training später, wenn Sie »selbständig« geworden sind, selbst einteilen und planen. Die *Brustmuskulatur* hat die Aufgabe, die Arme nach innen zu bewegen. Stellen Sie sich beispielsweise hin und halten Sie mit ausgestreckten Armen mit den Handflächen einen Ziegelstein, so müssen Sie die Kraft der Brustmuskeln aufbringen, damit Ihnen dieser Ziegelstein nicht zwischen den Handflächen herausrutscht. Bewegen Sie nun während des Haltens die Arme etwas nach oben oder nach unten, so ist immer noch die Brustmuskulatur tätig. Sie sehen an diesen Beispielen, welche »Variationsbreite« dieser Muskel hat.
Auch zum Training dieses Muskels lassen wir uns wieder eine Improvisation einfallen. Wie die beiden Abbildungen 3a und 3b zeigen, benützen wir wieder die beiden Stühle. Die Rückenlehnen stehen gegeneinander und schon haben wir unser nächstes Trainingsgerät aufgebaut.

Abb. 3a

Übung 3

1. Bezeichnung der Übung: Barrenstütze zwischen zwei Stühlen
2. Benötigte Geräte: zwei Stühle
3. Trainiert wird: die Brustmuskulatur
4. Mittrainiert werden: der Trizeps und die Schultermuskulatur
5. Anfangsstellung: Abb. 3a
6. Endstellung: Abb. 3b
7. Was Sie unbedingt beachten sollten: Seien Sie für diese Übung gut aufgewärmt, da die Trizepsmuskulatur stark beansprucht wird. Am besten machen Sie vorher ein paar Liegestütze. Führen Sie die Übung langsam durch und halten Sie sich an die »Bewegungssekunden«.
8. Beschreibung der Übung:
   Stehen Sie zwischen den beiden Stühlen, fassen Sie die Stuhllehnen und ziehen Sie die Beine an. Nun lassen Sie sich langsam ab, bis Sie fast den Boden mit Ihren Knien berühren. Anschließend richten Sie sich langsam wieder auf.

Frauen haben am Anfang etwas Schwierigkeiten mit dieser Übung, sie sollten nur so weit heruntergehen, daß sie wieder in die Ausgangsstellung zurückkommen.

Abb. 3b

Eine weitere Übung für die Brustmuskulatur ist der Liegestütz, den wir hier in einer abgewandelten Form üben wollen. Hierfür brauchen wir wieder zwei Stühle, die wir wie auf der Abbildung aufstellen.

Übung 4

1. Bezeichnung der Übung: Liegestütze
2. Benötigte Geräte: zwei Stühle
3. Trainiert wird: die Brustmuskulatur
4. Mittrainiert werden: der Trizeps und die Schultermuskulatur
5. Anfangsstellung: Abb. 4a
6. Endstellung: Abb. 4b
7. Was Sie unbedingt beachten sollten: Auch bei dieser Übung auf den nicht zu schnellen Bewegungsablauf achten. Lassen Sie sich so weit herunter wie möglich.

Abb. 4a

8. Beschreibung der Übung:
   Abb. 4a zeigt die Anfangsstellung. Knicken Sie nun mit den Armen ein und lassen Sie den gestreckt gehaltenen Körper herunter. Sie können die Übung erschweren, indem Sie einen dritten Stuhl unter Ihre Füße plazieren. Außerdem sollten Sie von Training zu Training die Griffbreite variieren. Erschweren Sie sich diese Übung, indem Sie die Ellenbogen nach außen halten, so haben Sie eine effektivere Belastung auf Ihre Brustmuskulatur.

Abb. 4b

Nun käme eigentlich die *Schultermuskulatur* an die Reihe, aber mit Improvisationen ist da nicht viel zu machen, es sei denn, Sie basteln sich irgendwelche Gegenstände, die die Aufgabe einer Langhantel oder zweier Kurzhanteln übernehmen. Sie können sich beispielsweise zwei größere Plastikflaschen mit größerem Henkel mit Wasser oder Sand füllen und diese dann als Schulterübung – stehend oder sitzend – nach oben stemmen.
In den Übungen 3 und 4 wurde jedoch die Schultermuskulatur mitbeansprucht, so daß Sie eine spezielle Übung für diese Muskelgruppe in diesem Trainingsstadium ohne Bedenken auslassen können.
Auch Bizeps und Trizeps wurden durch die bisher durchgeführten Übungen beansprucht, so daß wir anschließend die Bauchmuskulatur trainieren werden.

Übung 5

1. Bezeichnung der Übung: Oberkörper aufrichten
2. Benötigte Geräte: »Trainingspartner«
3. Trainiert wird: die Bauchmuskulatur
4. Mittrainiert wird: etwas der Schenkelanzieher
5. Anfangsstellung: Abb. 5a
6. Endstellung: Abb. 5b
7. Was Sie unbedingt beachten sollten: Führen Sie diese Übung nicht ruckartig durch. Viele Trainierende denken, daß sie mit schneller Bewegungsausführung den Bauch wegtrainieren können. Verfallen Sie nicht in diesen Irrtum! Machen Sie die Bewegungen langsam und konzentriert und vom Anfang bis zum Ende in der Weise, daß die Bauchmuskulatur immer unter Spannung steht.

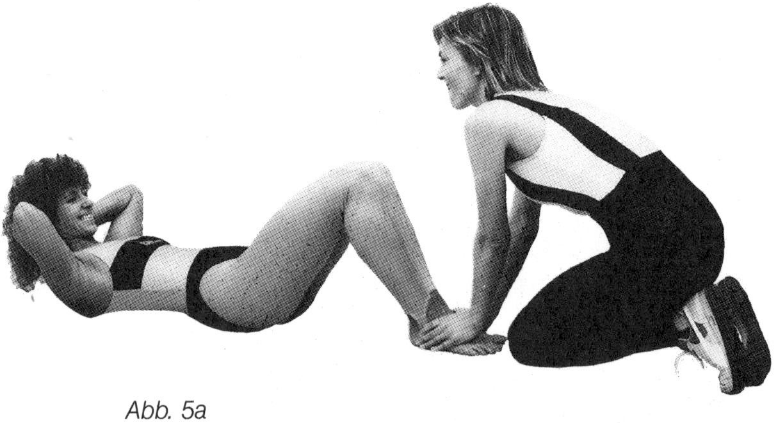

Abb. 5a

8. Beschreibung der Übung:
   Sie setzen sich auf den Boden und Ihr Trainingspartner fixiert Ihre Füße. Sie können die Füße auch auf die Sitzfläche des Stuhles legen, was die Übung schwerer, aber auch effektiver werden läßt. Nun beugen Sie den Oberkörper nach vorne und gehen dann langsam wieder zurück. Ruhen Sie sich unten auf dem Boden nicht aus, sondern lassen Sie die Bauchmuskulatur unter Spannung und gehen Sie sofort wieder nach oben.

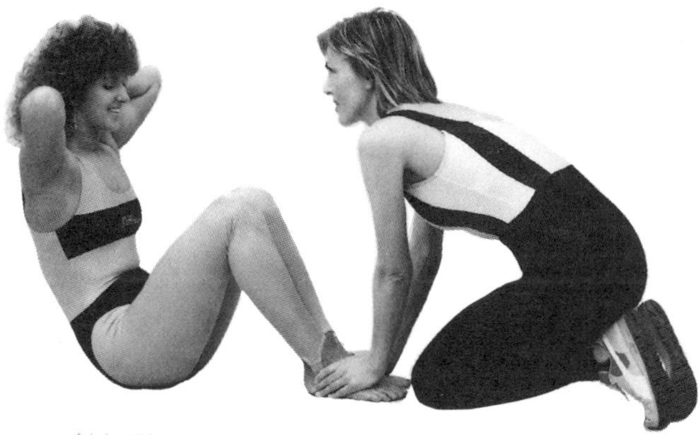

Abb. 5b

Auch den *unteren Rücken* können wir durch eine effektvolle Übung trainieren.

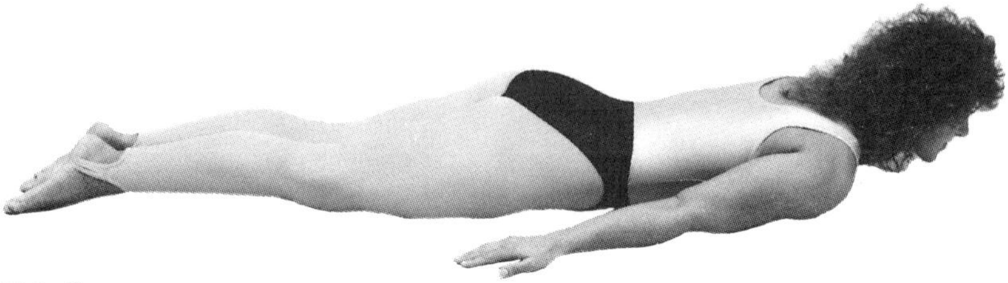

Abb. 6a

Abb. 6b

Übung 6

1. Bezeichnung der Übung: rückwärtiges Beinheben
2. Benötigte Geräte: keine
3. Trainiert wird: die untere Rückenmuskulatur
4. Mittrainiert wird: die Oberschenkelrückseite
5. Anfangsstellung: 6a
6. Endstellung: 6b
7. Was Sie unbedingt beachten sollten: Vermeiden Sie ruckartige Bewegungen.
8. Beschreibung der Übung: Legen Sie sich mit dem Bauch flach auf den Boden. Nun heben Sie langsam die Beine nach oben, was Ihnen am Anfang bestimmt sehr schwer fallen wird. Nach einigen Trainingstagen wird es jedoch immer besser gehen, und Sie werden bald die Wirkung spüren.

Zum Abschluß trainieren wir noch die *Waden*. Sicherlich haben Sie die Möglichkeit, durch ein dickeres Brett eine kleine Erhöhung zu schaffen.

Übung 7

1. Bezeichnung der Übung: Wadenheben im Stehen
2. Benötigte Geräte: eine Erhöhung für die Zehenspitzen
3. Trainiert wird: die Wadenmuskulatur
4. Mittrainiert wird: kein weiterer Muskel
5. Anfangsstellung: Abb. 7a
6. Endstellung: Abb. 7b
7. Was Sie unbedingt beachten sollten: Nutzen Sie den gesamten Bewegungsspielraum aus.
8. Beschreibung der Übung:
   Wie die Abbildung 7a zeigt, stehen Sie mit der Vorderseite der Füße auf einer Erhöhung. Effektvoller wird diese Übung, wenn Sie nur Strümpfe oder ganz leichte Ballettschuhe anhaben. Nun strecken Sie die Füße so weit wie möglich und lassen dann wieder ab. Machen Sie so viele Wiederholungen wie möglich.

Abb. 7a

Abb. 7b

So, nun hätten Sie Ihr Training beendet. Sie können noch ein paar »Cool-Down-Übungen« machen: strecken Sie sich oder laufen noch ein Stückchen auf der Stelle. Sind Sie in der glücklichen Lage, ein *Heimfahrrad* zu besitzen, können Sie dies sehr gut in Ihren Trainingsplan einbauen (Übung 8). Auch vor dem Training ist das Fahrradfahren anstatt eines Waldlaufes äußerst wirksam, da hierbei die Gelenke mehr geschont werden als beim Joggen. Oder variieren Sie, was die beste Methode ist, um Erfolge zu erzielen.
Noch ein guter Tip zum *Fahrradfahren.* Auch hier tragen Sie Ihre Leistungen, sei es auf der Landstraße oder auf dem Heimfahrrad, in Ihr Trainingsbuch ein und versuchen, diese langsam aber stetig zu verbessern.
Wir rekapitulieren noch einmal:

- Wir trainieren nach einem bestimmten Plan, fangen mit den großen Muskeln an und trainieren zu den kleinen Muskeln hin.
- Wir notieren alle Übungen und auch die durchgeführten Wiederholungen in unserem Trainingsbuch.
- Bevor wir überhaupt mit dem Training anfangen, haben wir unsere Zielvorstellungen genau notiert.
- Wir legen nach dem Trainingstag einen Ruhetag ein, damit sich der Körper erholen kann.
- Wir wärmen uns gut auf.
- Wir trainieren zwar nach geraumer Anlaufzeit intensiv, jedoch nie zu lange.
- Wir machen jede Bewegung langsam und konzentriert, gehen nicht ruckartig an das Training und nutzen möglichst den gesamten Bewegungsablauf.
- Und bevor wir mit dem Training beginnen, konsultieren wir unseren Arzt, erklären ihm unsere Trainingsabsichten und lassen uns untersuchen.

Übung 8

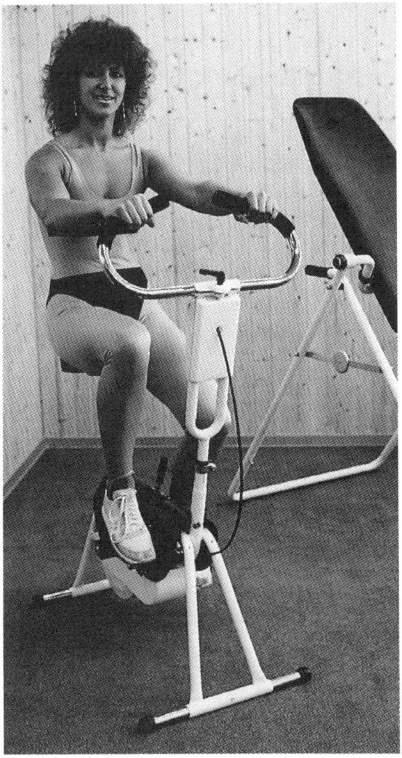
Abb. 8

Bei der nachfolgenden Trainingsanleitung, die Sie bitte genau befolgen sollten, haben wir »Ihren Körper« in sieben Teile eingeteilt. Genau wie besprochen fangen wir mit den Beinen an und enden beim Bauchtraining. Das Training von Bizeps und Trizeps haben wir zusammengefaßt.
Nachdem nun die materiellen Voraussetzungen von Ihnen geschaffen worden sind – Sie haben eine Langhantelstange, zwei Kurzhantelstangen, ein Sortiment an Hantelscheiben, eine Trainingsbank und eine Klimmzugstange – beginnen wir mit dem Training.
Fangen Sie nicht einfach bei Übung 9 an und ziehen Sie alle Übungen durch. Bevor Sie anfangen, tragen Sie Ihre Übungen in das Trainingsbuch ein. Hierzu suchen Sie *pro Muskelgruppe* je eine Übung heraus. Insgesamt werden Sie dann zwischen sieben und zehn Übungen zusammenbekommen. Dies erscheint Ihnen vielleicht wenig, aber Sie sollen langsam anfangen.
Was nützt Ihnen ein Gewalttraining, wenn dann schnell die Trainingslust schwindet oder Sie sich gar eine Verletzung einhandeln!
Also, Trainingsbuch nehmen und Trainingsplan erstellen. Hinter den Übungen tragen Sie die benutzten Gewichte ein und dann können Sie mit dem Training anfangen. Auch während des Trainings haben Sie Ihr Trainingsbuch parat und tragen die Wiederholungszahl, die Sie jedesmal geschafft haben, ein. Damit haben Sie bei jedem neuen Training eine Vorgabe und wissen, womit Sie wieder starten. Später können Sie dann, wenn Sie länger im Training sind, einen Wettbewerb gegen sich oder gegen Ihren Trainingspartner austragen. Dies bezeichnet man als progressives Training.

Beintraining – stehen Sie stabil im Leben

Die *Beinmuskulatur* ist der größte Muskelkomplex des menschlichen Körpers. Sie werden selbst feststellen, wieviel Energie die Beinarbeit verlangt, wenn Sie einmal mit einem relativ schweren Gewicht rund 15 Kniebeugen gemacht haben. Anschließend sind Sie außer Puste und »wackelig« auf den Beinen. Andererseits ist das Beintraining eine der besten Methoden für Kraft und Ausdauer.
Die *Sauerstoffversorgung* des Blutes ist ein wichtiger gesundheitlicher Faktor, und diese Versorgung wird durch Beinarbeit unter Belastung enorm gefördert. Ideal wäre natürlich ein Hanteltraining mitten im Wald oder in einer sauerstoffreichen und unbelasteten Umwelt. Praktisch ist dies natürlich schwer durchzuführen, aber nun können Sie sich vorstellen, warum Bergsteiger so leistungsfähig sind.
Bevor wir mit dem Beintraining anfangen, noch eine wichtige Erklärung. Was denken Sie ist besser, um den Bauchumfang zu reduzieren oder um insgesamt abzunehmen, Bauchtraining oder Kniebeugen mit einer relativ schweren Hantel?

Die Kniebeugen! Eine gute Antwort, Sie haben aus diesem Buch bisher schon viel gelernt und sind dem Großteil der Fitneßsportler schon weit voraus! Bauchtraining reduziert nicht den Bauchumfang, da man gezielt an bestimmten Stellen nicht abnehmen kann. Beintraining dagegen verbraucht viel Energie, also auch viele Kalorien, was sich positiv auf das Abnehmen, also auf die Reduzierung des Körperfettes auswirkt.

Übung 9

1. Bezeichnung der Übung: Langhantel-Kniebeuge
2. Benötigte Geräte: eine Langhantel
3. Trainiert wird: die Oberschenkelmuskulatur
4. Mittrainiert werden: die Wadenmuskulatur und die untere Rückenmuskulatur
5. Anfangsstellung: 9a
6. Endstellung: 9b

Abb. 9a

Abb. 9b

7. Was Sie unbedingt beachten sollten: Das Durchführen einer guten und effektvollen Kniebeuge verlangt die Beachtung einiger wichtigen Punkte. Konzentrieren Sie sich nie auf die Schwere des Gewichtes, dieses ist gar nicht von so ausschlaggebender Bedeutung. Viel wichtiger ist die Technik, wie Sie die Übung durchführen:
Halten Sie den Oberkörper möglichst aufrecht, schauen Sie nach oben und machen Sie die Bewegung langsam. Beenden Sie die Bewegung nicht abrupt, wenn Sie in der Hocke angekommen sind, sondern bremsen Sie langsam ab, um dann langsam wieder nach oben zu gehen. Nur so schonen Sie Ihre Gelenke und gestalten diese Übung auch effektvoll.

8. Beschreibung der Übung:
Stellen Sie sich aufrecht hin und legen Sie eine Langhantel auf die Schultern. Nun gehen Sie langsam nach unten, bis die Oberschenkel parallel mit dem Boden sind. Verharren Sie dort eine Sekunde und gehen Sie dann wieder langsam nach oben.
Wir erinnern uns:
Negativbewegung (Abwärtsgehen) vier Sekunden,
Positivbewegung (Wiederaufrichten) drei Sekunden!
Sie sollten je nach Leistungsstand 15 bis 25 Kniebeugen in einer Serie machen. Dadurch kommt es neben der Kräftigung der Beinmuskulatur auch noch zu einer Verbesserung der Ausdauer.

Übung 10

1. Bezeichnung der Übung: Kurzhantelkniebeuge
2. Benötigte Geräte: zwei Kurzhanteln
3. Trainiert wird: die Oberschenkelmuskulatur
4. Mittrainiert werden: die Wadenmuskulatur, der Unterarm und die untere Rückenmuskulatur
5. Anfangsstellung: Abb. 10a
6. Endstellung: Abb. 10b

Abb. 10a

7. Was Sie unbedingt beachten sollten: Versuchen Sie gerade bei dieser Übung den Oberkörper ganz aufrecht zu halten. Dies wird Ihnen am Anfang wegen der Ausbalancierung nicht leicht fallen, aber bald haben Sie auch hier »den Dreh weg«.

8. Beschreibung der Übung:
Wie die Abbildung 10a zeigt, stehen Sie aufrecht und halten in jeder Hand eine Kurzhantel. Sie können unter die Fersen eine Latte oder Hantelscheibe legen, um die Stabilität zu erhöhen. Gehen Sie nun langsam in die Kniebeuge und richten sich wieder auf. Halten Sie sich an die Beschreibung wie bei der Übung 9 »Langhantel-Kniebeuge«.

Abb. 10b

An die nächste Übung sollten Sie sich erst in einem fortgeschrittenen Stadium heranwagen und dabei ein nicht allzu hohes Gewicht nehmen.

Übung 11

1. Bezeichnung der Übung: Hacken-Squat
2. Benötigte Geräte: eine Langhantel
3. Trainiert wird: die Oberschenkelmuskulatur
4. Mittrainiert werden: die Wadenmuskulatur, der Unterarm und die untere Rückenmuskulatur
5. Anfangsstellung: Abb. 11a
6. Endstellung: Abb. 11b
7. Was Sie unbedingt beachten sollten: Halten Sie während der gesamten Bewegungsphase den Oberkörper aufrecht und beachten Sie die Regel »langsame Bewegung«.

Abb. 11a

Abb. 11b

8. Beschreibung der Übung:
   Stehen Sie aufrecht, wie es Abbildung 11a zeigt. Die Hantel halten Sie hinter den Oberschenkeln. Nun gehen Sie so weit in die Hocke, bis die Hantelscheiben fast den Boden berühren, dabei die Hantel nicht aufsetzen, um »auszuruhen«. Nun richten Sie sich wieder auf. Beginnen Sie Ihre ersten Versuche mit einem relativ niedrigen Gewicht.

Ein gut trainierter Rücken kann auch entzücken

Ein gut ausgebildeter Rücken gibt Kraft im Oberkörper, läßt agil erscheinen und Hüften und Taille wirken besonders, wenn die Schultern auch noch ausgeprägt sind, schmal.
Die *Schultermuskeln* haben die Aufgabe, die Arme nach hinten zu bewegen. Hierzu zeigen wir Ihnen zwei Grundübungen, die am besten geeignet sind, um Ihre Rückenmuskeln zu trainieren.

Übung 12

1. Bezeichnung der Übung: Langhantel-Rudern in Vorbeuge
2. Benötigte Geräte: eine Langhantelstange

Abb. 12a

3. Trainiert wird: die gesamte Rückenmuskulatur
4. Mittrainiert werden: der Unterarm und der Bizeps
5. Anfangsstellung: Abb. 12a
6. Endstellung: Abb. 12b
7. Was Sie unbedingt beachten sollten: Oberkörper und Beine sollten während der gesamten Übung in einem 90-Grad-Winkel fixiert sein. Dies bedeutet, daß Sie nur die Arme bewegen sollten, ohne den Oberkörper durch Schwingen als unterstützende Maßnahme zu benutzen.
8. Beschreibung der Übung:
   Sie stellen sich in die Rumpfvorbeuge, ergreifen die Langhantel in Schulterbreite und ziehen diese ohne Schwung so weit wie möglich nach oben. Dort halten Sie die Hantel eine Sekunde und lassen sie dann wieder ab.
   Sie können gut Variationen in diese Übung einbauen, indem Sie die Griffbreite ändern oder die Hantelstange abwechselnd zur Brust oder zum Bauch ziehen.

Abb. 12b

Die nächste Übung ist wie die Langhantel-Ruderübung, nur daß Sie diesmal zwei Kurzhanteln nehmen, wobei der Effekt fast der gleiche ist. Der Sinn, die Übungen immer wieder anders zu gestalten, also andere Hanteln zu nehmen oder *Variationen* in die Übungen selbst hineinzubringen ist, daß Ihnen das Training auch Spaß machen und Ihnen nie langweilig erscheinen soll.

Übung 13

1. Bezeichnung der Übung: Kurzhantel-Rudern
2. Benötigte Geräte: zwei Kurzhanteln
3. Trainiert wird: die obere Rückenmuskulatur
4. Mittrainiert werden: der Unterarm, der Bizeps und die untere Rückenmuskulatur
5. Anfangsstellung: Abb. 13a
6. Endstellung: Abb. 13b
7. Was Sie unbedingt beachten sollten: Halten Sie sich genau an die Anweisungen der Übung 12.
8. Beschreibung der Übung: Hier gilt die gleiche Beschreibung wie bei der Übung 12, nur daß Sie natürlich mit zwei Kurzhanteln trainieren. Auch hier können Sie variieren, indem Sie die Kurzhanteln einmal höher zur Brust anziehen oder tiefer zur Bauchgegend.

Abb. 13a

Abb. 13b

Die Brust, männliches Symbol und Formgebung der Frau

Immer schon war »die geschwellte Brust« neben dem »männlichen Bizeps« das Statussymbol des Mannes, und welche Frau hätte es nicht gerne, einen wohlgeformten gehobenen Busen zu haben.

Die *Brustmuskulatur* hat die Aufgabe, die Arme nach vorne zu bringen. Es handelt sich um einen großen Muskel, der – Sie können dies bei austrainierten Bodybuildern gut beobachten – ziemliche Stärke und Größe annehmen kann. Auch die Frau hat diese Muskeln, und durch eine Kräftigung dieses Muskelpaares hebt sich auch der Busen, wodurch die Oberpartie wieder gestrafft wird.

Für das Training der Brustmuskulatur gibt es eine ganze Reihe von Übungen, die teilweise auch die Schulter- und Trizepsmuskulatur mitbelasten. In den nachfolgenden Erklärungen werden wir uns mit den verschiedenen Versionen des Brusttrainings befassen. Hier sei darauf hingewiesen, daß Sie in eine Trainingseinheit immer zwei dieser Übungen einbauen können.

Übung 14

1. Bezeichnung der Übung: Langhantel-Drücken auf der Flachbank
2. Benötigte Geräte: eine Langhantel, eine Flachbank
3. Trainiert wird: die Brustmuskulatur
4. Mittrainiert werden: die vordere Schultermuskulatur und der Trizeps
5. Anfangsstellung: Abb. 14a
6. Endstellung: Abb. 14b
7. Was Sie unbedingt beachten sollten: Lassen Sie nie die Hantel zu schnell ab, um sie dann auf der Brust abzufangen. Dies ist meist ein Zeichen, daß Sie zuviel Gewicht aufgelegt haben. Wollen Sie Muskeln bekommen und effektvoll trainieren, oder wollen Sie Ihre Kraft demonstrieren? Letzteres ist nicht nur gefährlich, sondern es bewirkt außerdem kein effektvolles Training. Man kann immer wieder in Sportstudios beobachten, wie manche »sich förmlich abrackern«, um mit viel Gewicht Stärke demonstrieren zu können. Distanzieren Sie sich von solchen Ansichten!
Zu dieser Übung sind noch einige Bemerkungen nötig. Versuchen Sie während des Bewegungsablaufs die Ellenbogen nach hinten zu halten und führen Sie die Hantel nicht in Richtung Brust, sondern zum Hals.

Abb. 14a

Fühlen Sie den Unterschied? Sie »stretchen« Ihre Brustmuskeln mehr und dies ist ein untrügliches Zeichen, daß Sie den größtmöglichen Bewegungsablauf gewählt haben, was wiederum ein wirkungsvolleres Training bewirkt.
Wenn Sie jetzt noch die Bewegungen im richtigen Tempo durchlaufen, sind Sie auf dem richtigen Weg, ein sehr effektvolles Bankdrücken durchzuführen. Nicht die Schwere der Hantel zählt, sondern der Trainingsstil und die Konzentration auf den richtigen Bewegungsablauf!

Abb. 14b

8. Beschreibung der Übung:
   Legen Sie sich mit dem Rücken auf die Flachbank. Später, wenn Sie Gefühl für diese Übung bekommen haben, nehmen Sie die Beine hoch, um das Brusttraining besser zu isolieren und nicht abzufälschen. Nehmen Sie die Hantel mit einer Griffbreite, die etwas über der Schulterbreite liegt. Lassen Sie die Hantel wie beschrieben ab, pausieren Sie eine Sekunde und drücken Sie das Gewicht wieder nach oben. Sie können noch mehr Wirkung hineinbringen, wenn Sie die Arme nicht ganz durchdrücken, sondern ein ganz klein wenig angewinkelt lassen und dann sofort ohne Pause die Hantel wieder ablassen.

Mit der nächsten Übung trainieren wir ebenfalls die *Brustmuskulatur*, nur verwenden wir hier die Schrägbank, um die obere Partie der Brustmuskeln anzugreifen. Bei dieser Übung gelten die gleichen Regeln wie bei Übung 14.

Übung 15

1. Bezeichnung der Übung: Langhanteldrücken auf der Schrägbank
2. Benötigte Geräte: eine Langhantel, eine Schrägbank
3. Trainiert wird: die obere Brustmuskulatur
4. Mittrainiert werden: der Trizeps und die vordere Schultermuskulatur
5. Anfangsstellung: 15a
6. Endstellung: 15b

Abb. 15a

7. Was Sie unbedingt beachten sollten: Halten Sie sich genau an die Anweisungen der vorherigen Übung.

8. Beschreibung der Übung: Abbildung 15a zeigt die Anfangsstellung, von dort aus lassen Sie die Hantel ab, bis sie Ihren Halsansatz berührt, dann drücken Sie die Stange wieder nach oben.

Abb. 15b

Mit zwei Kurzhanteln führen wir ein effektvolles Training der *Brustmuskulatur* durch. Sie erinnern sich, daß die Brustmuskeln die Aufgabe haben, die Arme nach innen zu bewegen. Wenn wir uns auf eine Flachbank legen und diese Übung durchführen, trainieren wir genau diese Bewegung.

Übung 16

1. Bezeichnung der Übung: Kurzhantel-Seitheben auf Flachbank
2. Benötigte Geräte: zwei Kurzhanteln, eine Flachbank
3. Trainiert wird: die Brustmuskulatur
4. Mittrainiert werden: der Unterarm und der Bizeps
5. Anfangsstellung: Abb. 16a
6. Endstellung: Abb. 16b
7. Was Sie unbedingt beachten sollten: Für diese Übung müssen Sie gut aufgewärmt sein. Führen Sie, wenn Sie es nicht gewöhnt sind, die Hanteln nicht zu weit hinunter. Während des Bewegungsablaufes sollen die Arme in den Ellenbogen immer etwas gebeugt sein.

Abb. 16a

Abb. 16b

8. Beschreibung der Übung:
   Sie legen sich mit dem Rücken auf die Flachbank und halten zwei Hanteln über dem Kopf. Mit etwas angewinkelten Armen lassen Sie die Hanteln seitlich ab, bis Sie die Endstellung (Abbildung 16b) erreicht haben. Anschließend führen Sie die beiden Kurzhanteln wieder nach oben.
   Wir erinnern uns noch einmal an die Atemregel. Während wir die Hanteln ablassen, atmen wir ein (Negativbewegung), während wir die Hanteln wieder in die Ausgangsstellung führen, atmen wir aus.
   Fühlen Sie, wie Ihre Lunge arbeitet, wie der Sauerstoff in Ihren Brustkorb fließt, wie Ihre Brust sich wölbt? Sie sind auf dem richtigen Wege zu einem erfolgreichen Training.

Die nächste Übung ist ebenfalls wie beim Bankdrücken eine Variante, bei der die obere *Brustmuskulatur* trainiert wird. Halten Sie sich an die Anweisungen von Übung 16.

Abb. 17a

Übung 17

1. Bezeichnung der Übung: Kurzhantel-Seitheben auf Schrägbank
2. Benötigte Geräte: zwei Kurzhanteln, eine Schrägbank
3. Trainiert wird: die obere Brustmuskulatur
4. Mittrainiert werden: etwas der Unterarm und der Bizeps
5. Anfangsstellung: 17a
6. Endstellung: 17b
7. Was Sie unbedingt beachten sollten: Halten Sie sich an die Anweisung der vorherigen Übung.
8. Beschreibung der Übung:
   Wie Übung 16, nur daß Sie auf einer Schrägbank »arbeiten«.

Abb. 17b

Lassen Sie uns zur letzten *Brustübung* kommen, die Sie in ähnlicher Weise schon ganz am Anfang mit Hilfe zweier Stühle kennengelernt haben.

Übung 18

1. Bezeichnung der Übung: Barrenstütze an zwei Holmen
2. Benötigte Geräte: zwei Stützholme
3. Trainiert wird: die Brustmuskulatur
4. Mittrainiert werden: der Trizeps und die Schultermuskulatur
5. Anfangsstellung: Abb. 18a
6. Endstellung: 18b

Abb. 18a

7. Was Sie unbedingt beachten sollten: Blättern Sie noch einmal zurück und lesen Sie die Beschreibung der Übung 3.
8. Beschreibung der Übung:
   An dieser Stelle noch ein Tip, der die Übung wirkungsvoller macht. Ziehen Sie das Kinn zur Brust und halten die Füße nach vorne. In dieser Stellung lassen Sie sich so weit wie möglich ab. Halten Sie diese Körperstellung während der Auf- und Abbewegung unverändert bei und arbeiten Sie nur mit den Armen. Versuchen Sie, die Ellenbogen so weit wie möglich nach außen zu halten!

Abb. 18b

Die Schultern, die Frau mag's, der Mann braucht's

Breite Schultern zu haben war schon immer ein Wunschtraum der meisten Männer. Aber auch die Dame profitiert davon, denn Sie wirkt durch breitere Schultern in den Hüften schmaler. Die Mode liegt oft in diesem Trend bei den Damen, sehen Sie sich die Bilder an, wie die Damen unten schmal aussehen, da die Schulterpartien weit und ausladend gestaltet sind.
Für das *Schultertraining* stellen wir vier sehr gute Grundübungen vor. Bitte denken Sie nicht, daß Sie sich nun ewig nur mit diesen Übungen befassen müssen, es gibt äußerst interessante Kombinationen dieser Übungen, die Sie nach einer gewissen Gewöhnungszeit anwenden können, um Ihr Training zu intensivieren. Sie werden hierüber noch in dem Kapitel für fortgeschrittenes Training mehr erfahren.

Übung 19

1. Bezeichnung der Übung: Langhantel-Drücken hinter dem Kopf
2. Benötigte Geräte: eine Langhantel
3. Trainiert wird: die Schultermuskulatur
4. Mittrainiert wird: der Trizeps
5. Anfangsstellung: 19a
6. Endstellung: 19b
7. Was Sie unbedingt beachten sollten: Halten Sie während der Bewegung den Körper aufrecht und bilden kein Hohlkreuz.
8. Beschreibung der Übung: Halten Sie die Hantelstange wie in Abbildung 19a und drücken diese hinter dem Kopf nach oben. Anschließend lassen Sie die Hantelstange wieder in die Ausgangsstellung herab. Diese Übung können Sie auch sitzend ausführen, wobei Sie spüren werden, daß Ihnen die Ausführung der Bewegung dann schwerer fällt. Dies hängt damit zusammen, daß eine Bewegungsabfälschung nicht möglich ist und Sie nur Schultermuskulatur und Trizeps benutzen können.

Abb. 19a

Abb. 19b

Übung 20

1. Bezeichnung der Übung: Kurzhantel-Schulterdrücken
2. Benötigte Geräte: zwei Kurzhanteln
3. Trainiert wird: die Schultermuskulatur
4. Mittrainiert wird: der Trizeps
5. Anfangsstellung: 20a
6. Endstellung: 20b
7. Was Sie unbedingt beachten sollten: Versuchen Sie, die Ellenbogen beim Herablassen der Kurzhanteln nach hinten zu führen.

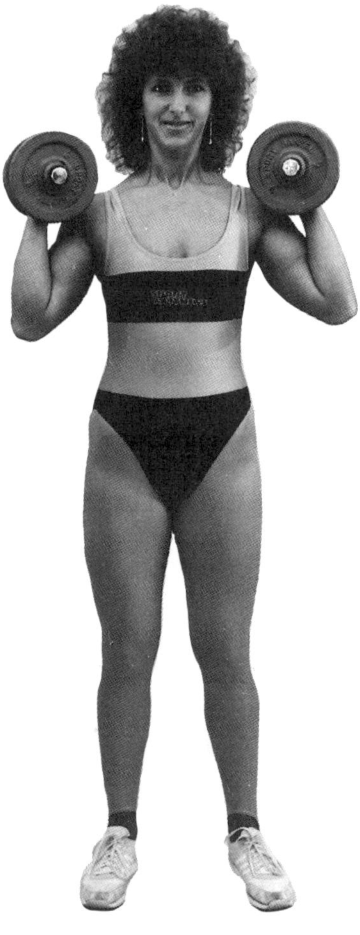

Abb. 20a

8. Beschreibung der Übung:
Sie stellen sich aufrecht hin und drücken von dieser Position aus die beiden Kurzhanteln nach oben.
Sie können die Übung erschweren – erschweren heißt immer, bessere Resultate erzielen –, indem Sie die Kurzhanteln nicht ganz hochdrükken, sondern sie wieder ablassen, bevor Ihre Arme ganz gestreckt sind. Wenn hier die Rede von »Übung erschweren« ist, dann ist darunter nicht gemeint, das Gewicht höher zu wählen. Wählen Sie ein langsames Trainingstempo und Haltungen aus, die die Übungen erschweren!

Abb. 20b

Übung 21

1. Bezeichnung der Übung: Aufwärtsrudern
2. Benötigte Geräte: eine Langhantel
3. Trainiert wird: die Schultermuskulatur
4. Mittrainiert wird: der Bizeps, der Unterarm und der Trapeziusmuskel
5. Anfangsstellung: Abb. 21a
6. Endstellung: Abb. 21b

Abb. 21a

7. Was Sie unbedingt beachten sollten: Reißen Sie niemals das Gewicht nach oben, sondern ziehen die Hantel mit Schulter- und Bizepskraft gleichmäßig schnell nach oben.
8. Beschreibung der Übung: Stellen Sie sich aufrecht hin, fassen Sie die Hantel etwas enger als Ihre Schulterbreite und ziehen diese bis an das Kinn. Sie können variieren, indem Sie die Griffbreite enger oder weiter fassen. Halten Sie die Hantelstange eine Sekunde in Kinnhöhe und lassen Sie sie dann langsam ab.

Abb. 21b

Sie haben inzwischen schon viel aus diesem Buch gelernt und wissen, daß Sie beim Training eines Muskels oder einer Muskelgruppe gleichzeitig andere Muskeln mittrainieren. Nach den letzten Übungen sind *Bizeps* und *Trizeps* ermüdet, was uns aber nicht daran hindern soll, die *Schultermuskulatur* durch andere Übungen weiter zu trainieren.

Abb. 22a

Übung 22

1. Bezeichnung der Übung: Seitheben
2. Benötigte Geräte: zwei Kurzhanteln
3. Trainiert wird: die Schultermuskulatur
4. Mittrainiert wird: der Unterarm
5. Anfangsstellung: 22a
6. Endstellung: 22b
7. Was Sie unbedingt beachten sollten: Halten Sie die Arme während der Bewegung in den Ellenbogen etwas gebeugt.

Abb. 22b

8. Beschreibung der Übung:
   Abbildung 22a zeigt Ihnen die Ausgangsstellung. Heben Sie die Kurzhantel langsam seitlich an und Sie werden sehen, daß Sie dazu keine Armkraft benötigen, sondern lediglich die Kraft der Schultern.
   Interessant ist die folgende Beobachtung: Erst wenn die Hanteln in Schulterhöhe sind, ist die Belastung am stärksten, wobei hier der Muskel am intensivsten trainiert wird.
   Die Reihenfolge dieser Übungen für die Schultermuskulatur sind nicht bindend. Wollen Sie intensiver trainieren, benötigen wir sogar einige Umstellungen, worauf wir später eingehen werden.

Ein starker Arm für den Mann – ein straffer Arm für die Frau

Schon immer bewunderten Frauen den Mann mit dem starken Arm. Auch eine Frau sollte einen straffen und gut durchgebildeten Arm haben.
Obwohl das Training bisher die Arme schon beansprucht hat, wollen wir noch je eine Übung für *Bizeps* und *Trizeps* durchführen.

Abb. 23a

Übung 23

1. Bezeichnung der Übung: Langhantel-Armbeuge
2. Benötigte Geräte: eine Langhantel
3. Trainiert wird: der Bizeps
4. Mittrainiert wird: der Unterarm
5. Anfangsstellung: 23a
6. Endstellung: 23b
7. Was Sie unbedingt beachten sollten: Schwingen Sie niemals mit dem Körper, dies ist ein Zeichen, daß Sie ein zu schweres Gewicht gewählt haben!
8. Beschreibung der Übung: Abbildung 23a zeigt die Anfangsstellung. Nur mit Hilfe der Armkraft »curlen« Sie die Hantelstange nach oben, ohne die Position der Ellenbogen zu verändern. Lassen Sie von dort das Gewicht wieder langsam ab.

Abb. 23b

Den *Bizeps* können wir zur Abwechslung auch mit den Kurzhanteln trainieren. Statt der in den Abbildungen gezeigten stehenden Stellung können Sie auch in sitzender Position trainieren, oder sich an die steil gestellte Rückenlehne der Übungsbank lehnen.

Abb. 24a

Übung 24

1. Bezeichnung der Übung: Kurzhantel-Armbeuge
2. Benötigte Geräte: zwei Kurzhanteln
3. Trainiert wird: der Bizeps
4. Mittrainiert wird: der Unterarm
5. Anfangsstellung: 24a
6. Endstellung: 24b

7. Was Sie unbedingt beachten sollten: Auch bei dieser Übung sollen Sie nicht mit dem Körper schwingen, sondern korrekte Bewegungen durchführen.
8. Beschreibung der Übung: Heben Sie, wie es die beiden Abbildungen zeigen, beide Kurzhanteln nach oben, wobei Sie auch die Kurzhanteln abwechselnd bewegen können.

Abb. 24b

Der *Trizeps* liegt am rückwärtigen Teil des Armes, also genau hinter dem Bizeps. Dieser Muskel wird bei Drückübungen stark beansprucht, aber es gibt auch isolierte Übungen, die einzig und allein den Trizeps trainieren, ohne andere Muskeln mitzubeanspruchen.

Übung 25

1. Bezeichnung der Übung: Kurzhantel-Armstrecken
2. Benötigte Geräte: zwei Kurzhanteln, eine Flachbank
3. Trainiert wird: der Trizeps
4. Mittrainiert wird: der Unterarm
5. Anfangsstellung: 25a
6. Endstellung: 25b

Abb. 25a

7. Was Sie unbedingt beachten sollten: Bewegen Sie nur die Unterarme, um die Kurzhanteln nach oben auszustrecken. Halten Sie während der Bewegung die Ellenbogen im gleichen Abstand zueinander und lassen Sie diese nicht »auseinanderwandern«.

8. Beschreibung der Übung: Legen Sie sich flach auf die Übungsbank und beginnen Sie die Übung, wie es Abbildung 25a zeigt. Lassen Sie die beiden Hanteln gleichzeitig bis an die Seiten des Kopfes herunter. Nun drücken Sie die Hanteln lediglich mit der Trizepskraft wieder nach oben in die Ausgangsstellung.

Abb. 25b

Der untere Rücken – Stärkung eines schwachen Körperteils

Sie erinnern sich an unsere Ausführungen über die Bedeutung des *unteren Rückens*. Dieser sollte kräftig sein, damit Verletzungen jeglicher Art vermieden werden. Hierzu haben wir drei Übungen aufgeführt, wovon Sie sich eine Übung zum Abschluß Ihres Aufbautrainings heraussuchen können.

Übung 26

1. Bezeichnung der Übung: Kreuzheben
2. Benötigte Geräte: eine Langhantel
3. Trainiert wird: die untere Rückenmuskulatur
4. Mittrainiert werden: der Unterarm und die gesamte obere Rückenmuskulatur
5. Anfangsstellung: 26a
6. Endstellung: 26b
7. Was Sie unbedingt beachten sollten: Nie ruckartig das Gewicht anheben. Nie die Bewegung ruckartig durchführen. Nie das schwere Gewicht nach Beendigung der Übung ruckartig absetzen!

Abb. 26a

8. Beschreibung der Übung:
Dies ist eine ganz hervorragende Übung zur Ausbildung der unteren Rückenmuskulatur! Da bei dieser Übung weitere Muskeln beansprucht werden, dient sie zur Gesamtstärkung des Körpers, hilft der Aufrechterhaltung und bewirkt hervorragende Grundkraft.
Fassen Sie die auf dem Boden liegende Hantel mit beiden Händen in Schulterbreite, heben sie langsam auf und richten Sie sich auf. Von der stehenden Position aus starten Sie nun: Gehen Sie mit dem Kopf nach vorne und bringen Sie das Kinn zur Brust, lassen Sie die Schultern fallen und beugen Sie dann langsam den Oberkörper nach unten, die Arme immer hängen lassend. Rollen Sie Wirbel für Wirbel ab, bis die Hantel fast den Boden berührt. Richten Sie sich langsam wieder auf, indem Sie wieder Wirbel für Wirbel aufrollen, schließlich, wenn Sie wieder stehen, die Schultern anheben und dann den Kopf heben. Starten Sie wieder zur nächsten Wiederholung.
Machen Sie die Übung sehr langsam. Nehmen Sie sich Zeit und setzen Sie je fünf oder sechs Sekunden für die Aufwärts- und die Abwärtsbewegung fest. Starten Sie zu Beginn nicht mit einem zu schweren Gewicht, sondern konzentrieren Sie sich auf den Bewegungsablauf selbst.
Während der Übung können Sie die Beine ganz gestreckt halten oder in den Kniegelenken leicht einknicken.

Abb. 26b

Eine ähnliche Wirkung hat die nächste Übung, wofür Sie jedoch ein leichteres Gewicht nehmen sollten. Auch hier ist unbedingt auf sanfte, weiche und ruckfreie Bewegungen zu achten.

Abb. 27a

Übung 27

1. Bezeichnung der Übung: Vornüberbeugen mit Langhantel
2. Benötigte Geräte: eine Langhantel
3. Trainiert wird: die untere Rückenmuskulatur
4. Mittrainiert wird: kein weiterer Muskel
5. Anfangsstellung: 27a
6. Endstellung: 27b

Abb. 27b

7. Was Sie unbedingt beachten sollten:
   Achten Sie unbedingt auf ruckfreie Bewegungen!
8. Beschreibung der Übung:
   Legen Sie die Langhantel auf die Schultern und beugen sich dann aus der Hüfte heraus nach vorn. Auch bei dieser Übung sollten Sie wieder Wirbel für Wirbel abrollen.

Übung 28

1. Bezeichnung der Übung: Oberkörper-Anheben
2. Benötigte Geräte: eine Flachbank
3. Trainiert wird: die untere Rückenmuskulatur
4. Mittrainiert wird: kein weiterer Muskel
5. Anfangsstellung: 28a
6. Endstellung: 28b
7. Was Sie unbedingt beachten sollten: Wie bei den beiden vorhergehenden Übungen sollten Sie auch hier ruckartige Bewegungen vermeiden.

Abb. 28a

8. Beschreibung der Übung:
   Abbildung 28a zeigt Ihnen die Anfangsstellung. Heben Sie nun Ihren Oberkörper bis in die waagrechte Stellung an. Die Beanspruchung des unteren Rückens ist bei dieser Übung eine andere als beim Kreuzheben oder Vornüberbeugen, da bei dieser Übung der Muskel des unteren Rückens in der Kontraktionsphase am meisten belastet ist.

Abb. 28b

Zum abschließenden *Bauchmuskeltraining* gehen Sie im Buch zu den Beschreibungen der »gerätelosen« Übungen zurück und suchen sich dort eine Übung heraus, mit der Sie dann das Krafttraining beenden.

Ernährung und alles, was damit zusammenhängt

In diesem Kapitel über Ernährung wird der Autor Sie nicht mit Fachwörtern, komplizierten Vorgängen oder gar chemischen Formeln bombardieren. Eine Erklärung über Ernährung sollte einfach, verständlich, praktikabel und vor allen Dingen objektiv sein! Es ist klar, daß die Industrie daran interessiert ist Umsatz zu machen. Es werden also alle möglichen Werbe- und Manipulationsmethoden eingesetzt, denn schließlich geht es um Existenzen, Arbeitsplätze, Umsatz, Erfolgsbilanzen und Konkurrenzkampf, kurz – um Geld, viel Geld.
Dies führt – wir wollen dies hier nicht weiter ausführen – zu »Werbegags«, die nur darauf abgezielt sind Umsatz zu machen.
Gehen wir einmal von der Ernährung weg und sehen uns die Werbung der Waschmittelindustrie an. Sicherlich ist es edel, umweltfreundliche Produkte zu fabrizieren. Aber daß die Umwelt schon lange belastet wird, wissen wir schon ebenso lange. Irgendwie kam eine pfiffige Firma auf den Gedanken, ein umweltfreundliches Produkt herzustellen und damit in die Werbung zu gehen. Sofort war der Rest der Hersteller blitzschnell auf dem Plan und warb ebenfalls. Dies geschah sicherlich nicht nur aus umweltfreundlichen Überlegungen, sondern ganz einfach aus Wettbewerbsgründen.
Es muß also verkauft werden! Und dabei leidet leider die Qualität der richtigen Information. In den Vordergrund werden anziehungskräftige Verpackungen geschoben und Werbesprüche, die nach Einnahme dieses oder jenes Mittelchens oder dieser oder jener Nahrungssorte die Pfunde schmelzen läßt und ein bestes Wohlbefinden herbeizaubert.
Überbewerten Sie diese Dinge nicht! Sie haben nun, nachdem Sie mit dem Training begonnen haben, einen Riesenvorteil. Nach einiger Zeit werden Sie eine »Antenne« für gute Ernährung bekommen, werden automatisch Weißbrötchen mit Vollkornbrot tauschen, Ihre Nahrungsmenge einschränken und sogar anfangen, »Giftstoffe« wie Tabak, Alkohol, Kaffee oder Süßigkeiten weniger zu sich zu nehmen oder ganz darauf zu verzichten!
Es gibt einige ganz wenige *Grundregeln*, die Sie beachten sollten. Natürlich können Sie diese Regeln »verfeinern«, aber lassen Sie sich nicht zu sehr von der Werbung verleiten, bilden Sie Ihr eigenes Urteil.
Wenn von irgendwelchen Diätsüppchen die Rede ist, die kalorienarm sein sollen (und auch sind), so mag es richtig sein, diese zur Abnahme des Körpergewichtes

einzunehmen. Weniger zu essen hat jedoch die gleiche Wirkung und ist viel billiger.
Denken Sie daran, daß es keine leistungssteigernden Vitamine gibt. Vitamine, Mineralien und Spurenelemente sind wichtig, heben aber nicht die Leistung an, es sei denn, daß Sie auf Grund von Vitaminmangel gar nicht in der Lage sind, Leistung zu vollbringen.
Dies kann durchaus der Fall sein, wenn Sie einem strengen Diätplan folgen, der unter 1 000 Kalorien pro Tag oder noch darunter liegt.
Eine *Einschränkung an Kalorien* ist der einzige gangbare Weg, um Gewicht abzunehmen. Noch besser ist es jedoch, wenn Sie diesen Weg mit dem Training koppeln!
Sie können jedoch eine Idealfigur und einen Idealkörper nicht in ein paar Wochen erlangen, wenn Sie zuvor jahrelang »gesündigt« haben! Sicher nehmen Sie ab, wenn Sie auf 600 Kalorien gehen, aber wie! Außerdem halten Sie eine solche Diät nicht lange durch und »hauen bald wieder rein, was das Zeug hält«, und dann sind Sie im Endeffekt noch schwerer.
Ohne viele Umwege wollen wir uns mit den gesunden und dauerhaften Wegen befassen, um die richtige Figur und Leistungsfähigkeit zu erreichen. Dies geht jedoch nicht von heute auf morgen und wird für viele ein ewiger Kampf bleiben.

Gewichtsregulierung und Fettabbau

Für die meisten das wichtigste Thema! Wie funktioniert das nun wirklich richtig, wie kann ich nun auf Dauer abnehmen, eine gute Figur erlangen und das auch noch auf gesundem Wege?
Eine gute Frage, beantwortet in Hunderten, wenn nicht gar Tausenden von Büchern und Zeitungsartikeln.
Der Autor selbst hat viele Wege ausprobiert und ist immer wieder dort gelandet, wo er heute ist. Auf dem einzigen Weg, der hilft.
Dieser besteht weder aus »Abschwitzen, Diätmittelchen, bequemen Einreibemitteln, Entwässerungspillen oder aus dem Wegmassieren«, sondern ganz einfach aus der Herstellung eines *Kaloriendefizites*.
Was das heißt? Auch darüber brauchen keine seitenlangen Artikel oder gar Bücher geschrieben werden!
An einem ganz einfachen Beispiel soll dies erklärt werden:
An einer Schnur hängt ein mit Sand gefüllter Stoffbeutel. Fülle ich Sand ein, wird dieser dicker und schwerer. Fülle ich keinen Sand ein, bleibt er gleich. Schneide ich mit dem Messer ein Loch in diesen Beutel, läuft Sand heraus und der Beutel wird leichter und dünner.

Wenn ich nun ein Loch in dem Beutel habe, aus dem der Sand fließt – *Kalorienverbrauch* – und fülle die gleiche Menge laufend nach – *Kalorienzunahme* – so bleibt das Gewicht und der Umfang des Beutels erhalten. Fülle ich schneller Sand – *Kalorien* – ein, als abfließt – *Kalorienverbrauch* –, so nimmt der Beutel zu. Lasse ich jedoch mehr Sand abfließen – *erhöhter Kalorienverbrauch* – als ich nachfülle – *eingeschränkte Kalorienaufnahme* –, so wird der Beutel schön schlank.
Gehe ich her und ersetze den Beutel während dieses Vorganges von Woche zu Woche durch einen mit einem stärkeren Stoffgewebe, so wird dieser Beutel dazu auch noch straffer. Nehme ich ein immer stärkeres Stoffgewebe, hin bis zu schwersten Leinen, so wird der Beutel nicht so schnell leichter, wie es der »Kalorienablauf im Verhältnis zur Kalorienaufnahme« bewirken sollte und wir hätten »Muskelzunahme« während dieses Vorgangs.
Das Endprodukt ist ein immer schlanker werdender Beutel – *Figur* – bei einer Zunahme an Straffung (*Muskelzunahme* und *Körperformung*).
Verdeutlicht werden soll damit, daß die Kalorieneinnahme in einem richtigen Verhältnis zum Kalorienverbrauch stehen muß, und schon können Sie Ihr Körpergewicht selbst steuern!
Es ist schon verwirrend, was passiert: Eigentlich ißt der größte Teil der Menschheit viel zu viel. Der Mensch braucht gar nicht diese Unmengen an Nahrungsmitteln, er könnte gut und gerne von der Hälfte oder gar weniger leben. Aber die liebe Werbung macht immer wieder den Gaumen wässerig. So ist es kein Wunder, daß ein so großer Prozentsatz der Menschen mit Übergewicht herumläuft.
Wenn Sie also Sport treiben, und das auch noch in der Form von Muskeltraining, dabei die Nahrungsaufnahme allmählich einschränken, sind Sie auf dem besten und billigsten Weg, eine Idealfigur unter gesunden Aspekten zu erreichen. Sie schmelzen nun wirklich die Pfunde weg und setzen an diesen Stellen Muskulatur an.
Wie kommen Sie zu dieser richtigen Kalorienbalance? Hierfür gibt es einen ganz einfachen Weg.
Ernähren Sie sich eine Woche lang wie bisher weiter; aber notieren Sie alles, was Sie zu sich nehmen, selbst das kleinste Bonbon und jedes Glas Saft oder Limonade. Schreiben Sie dies täglich in Ihr Notiz- oder Trainingsbuch. Wiegen Sie sich am Anfang und nach einer Woche. Haben Sie zugenommen, dann ist Ihre Kalorienaufnahme zu hoch oder Ihr Verbrauch zu gering. Nun notieren Sie Ihre Nahrungsaufnahme weiter, schränken diese jedoch ein. Nehmen Sie eine gute Kalorientabelle und schreiben Sie alle Werte auf, die Sie zu sich nehmen, addieren diese jeden Tag und erstellen von jeder Woche die Summe.
Bei der Einschränkung fangen Sie bei den »ungesunden« Nahrungsmitteln an. Lassen Sie die Dinge weg, die gezuckert sind, wie Schokolade, Kuchen, Bonbons und alle gesüßten Getränke.

Aber Sie sollten alles langsam machen, also langsam die Kalorieneinnahme immer mehr einengen.
Machen wir doch einmal eine ganz einfache Rechnung! Angenommen, Sie nahmen täglich 4 000 Kalorien zu sich. Nun beginnen Sie mit dieser »Hans-Schulz-Trimm-Dich-Diät« in diesem Buch. Sie beginnen, jeden Tag nur 20 Kalorien weniger zu sich zu nehmen. In einem Monat schon nehmen Sie dann nur noch 3 400 Kalorien zu sich, und in einem halben Jahr wären das nur noch 1 000 Kalorien, die Sie aufnehmen würden. Im Zusammenhang mit dem Training ist dies auf Dauer schon viel zu wenig. Sie sehen, »Timing« ist ein wichtiger Faktor. Sie müssen doch zugeben, daß eine Wenigereinnahme von 20 Kalorien pro Tag unmerklich ist, aber ein guter Weg ist, um auf Dauer abzunehmen.
Nehmen wir einmal an, Sie nehmen nur 2 Pfund im Monat ab, so sind dies schon 24 Pfund im Jahr und das auf eine wirklich gesunde und schockfreie Art!
Wir sprachen schon davon, daß ein zu schnelles Abnehmen nicht lange durchzuhalten ist. Kennen Sie die Leute, die dann hinterher noch dicker werden? Durch zu schnelles Abnehmen verlangsamt sich auch der Stoffwechsel, und plötzlich essen Sie dann aus Heißhunger wieder mehr. Diese Nahrung trifft dann auf diesen langsameren Stoffwechsel und im Nu sind nicht nur die Pfunde wieder drauf, sondern dazu noch etliche mehr.
Also tauschen Sie Fett mit Muskeln! Durch alleinige Kalorieneinschränkung nehmen Sie zwar auch ab, aber Ihr Aussehen leidet und Sie wirken schwach und eingefallen. Fahren Sie auf zwei Gleisen, dem der Kalorieneinschränkung und dem des Muskeltrainings. Halten Sie sich an einen ausbalancierten Speiseplan und vermeiden Sie »unnatürliche« Nahrungsmittel.
Wenn Sie dazu noch Alkohol und Tabak einschränken – wer erklärt dem Autor einen besseren, gesünderen und effektiveren Weg zu einem gesunden und wohlgeformten Körper?

Grundlagen der Ernährung

Man kommt zwar heute immer mehr zu der Ansicht, daß der Muskel in möglichst kurzer Zeit optimal und intensivst trainiert werden soll, um die größte Effektivität zu erreichen, aber in der darauffolgenden Ruhepause soll dem Muskel genug Zeit gegeben werden, um sich von diesem relativ hohen Reiz zu erholen. Neben der Ruhepause benötigt der Muskel auch neuen »Betriebsstoff« in Form von Ernährung, und zwar in »richtiger« Qualität und »entsprechender« Quantität. Ohne Energieversorgung geht es auch hier nicht. Ohne eine entsprechende Ernährung ist das optimale Training umsonst.
Die Ursachen falscher Ernährung sind vielfältig: liebe eingeschlichene Gewohn-

heiten, Falschinformation, Unkenntnis, Genußsucht, unrichtige Empfehlungen sogenannter Experten und der Industrie, »schmackhafte« Firmenreklamen, Bequemlichkeit und hochraffinierte Lebensmittel, um nur einige Punkte zu nennen.
Ärzte werden in ihrem Medizinstudium kaum zur vorbeugenden Medizin ausgebildet. Sie sollen nur bei auftretenden Krankheiten, die ja vielfach ihre Ursachen in der Falschernährung haben, helfen können. Dabei wäre durch vorbeugende Maßnahmen vielen Krankheiten die Möglichkeit genommen, überhaupt zu entstehen.
Daß ein Zusammenhang zwischen Ernährung, Gesundheit und Leistungsfähigkeit herrscht, dürfte wohl bekannt sein. Um weiter in die Ernährungslehre allgemein und speziell für den Sportler eindringen zu können, müssen elementare Dinge über Lebensvorgänge, Stoffwechsel, Grundstoffe der Nahrung, Energiebedarf und Nährstoffbedarf besprochen werden.

Physiologie

Die Physiologie ist die Lehre von den normalen Lebensvorgängen. Eine allgemeingültige und wirklich befriedigende Definition ist bis heute noch nicht gegeben. Es ist die Bezeichnung für die Daseinsform der organischen Wesen. Die Wissenschaft vom Leben und von den Lebewesen ist die Biologie. Leben ist auf Vorgänge zurückzuführen, die sich in Stoffwechsel, Wachstum, Bewegung, Reizbarkeit und in der Fähigkeit der Fortpflanzung äußern. Der Warmblüter muß Organe und Zellen in Funktion halten können, und das bei konstanter Innentemperatur. Er muß mechanische Arbeit leisten können. Es müssen chemische Zusätze vollführt werden. Erforderlich dazu ist die Bereitstellung von Energie, diese wird in chemischer Form mit der Nahrung zugeführt.
Zwei wesentliche Bedürfnisse müssen gedeckt werden: Der Körper braucht Stoffe zum Aufbau und Wachstum sowie zur Aufrechterhaltung der Lebensfunktionen. Es müssen also Baustoffe und Betriebsstoffe zugeführt werden. Letztere dienen zur Aufrechterhaltung der Atmung, des Kreislaufs, der Verdauung und Drüsentätigkeit sowie zur Ausscheidung und Fortpflanzung. Bau- und Betriebsstoffe bestehen im wesentlichen aus Fetten, Kohlenhydraten und Eiweiß.

Stoffwechsel

Als Stoffwechsel bezeichnet man den biologischen und chemischen Um- und Aufbau der von dem Organismus aufgenommenen Stoffe und Abbau derselben zur Energiegewinnung.
Verfolgen wir den Weg:

1. In der Mundhöhle ist der Aufenthalt nur kurz. Die mechanische Einwirkung durch Kauen steht im Vordergrund. Der Speichel leitet die Verdauung durch ein Enzym ein.
2. Die Schleim- und Speiseröhre dient der Weiterbeförderung des Speisebreis.
3. Im Magen beginnt die chemische Verdauung.
4. Der Weg geht weiter durch den Zwölffingerdarm in
5. den Dünndarm.
6. Die Gallenflüssigkeit aus der Leber und aus
7. der Bauchspeicheldrüse zerlegen den Speisebrei dann in kleinste Bausteine. Das Zusammenziehen der Muskelwände von Magen und Darm sorgen für eine gute Durchmischung von Speisebrei und Verdauungssäften.
8. Im Dickdarm geschieht der Rest der Verdauung mit Hilfe unzähliger lebenswichtiger Bakterien.
9. Bevor der Darminhalt in den Mastdarm abgeführt wird, besteht dieser ausschließlich aus Schlackstoffen.

Was geschieht nun mit der Nahrung in unserem Körper?
Zerlegt werden im Magen und Darm die Grundstoffe Eiweiß, Fett und Stärke. Was übrig bleibt, sind kleinste Bausteine. Durch die Darmschleimhäute werden Trauben- und Fruchtzucker, Amino- und Fettsäuren sowie Glyzerin aufgesogen und über die Blut- und Lymphbahnen an die unzähligen Zellen im Körper herangetragen.
Dort findet wieder ein umgekehrter Prozeß statt: Die an die Zellen herangetragenen Stoffe werden wieder zu körpereigenen Stoffen zusammengefügt und dann durch Sauerstoff verbrannt, der ebenfalls über das Blut an die Zellen herangebracht wird. So entsteht die Energie, die Bedingung allen Lebens.
Die Enzyme ermöglichen das Stoffwechselgeschehen, welches wiederum durch Hormone gesteuert wird. Die Endprodukte aus dem Energiestoffwechsel und die unbrauchbaren sowie überschüssigen Nahrungsbestandteile werden durch Exkretion abgegeben.

Grundstoffe der Nahrung

Eine fast unübersichtliche Vielzahl von Lebensmitteln wird angeboten und von den Menschen aufgenommen. Als Lebensmittel bezeichnet man Nahrungs- und Genußmittel. Genußmittel haben eine anregende Wirkung auf den Organismus und besitzen keinen Nährwert außer Alkohol, der einen beträchtlichen Nährwert besitzen kann.
Nahrungsmittel dagegen dienen der menschlichen Ernährung. Die verwertbaren Teile der Nahrungsmittel sind Nährstoffe und Wirkstoffe.

Nährstoffe werden vom Organismus zum Aufbau und zur Erhaltung der Körpersubstanz benötigt. Sie liefern die notwendige Energie und halten die Körperfunktionen aufrecht.
Wirkstoffe regulieren den Ablauf der Körperfunktionen. Es sind dies die Kohlenhydrate, Fette. Eiweißstoffe, Mineralstoffe, Vitamine und Wasser.
Kohlenhydrate. Sie sind meist in pflanzlichen Nahrungsmitteln enthalten. Wir finden sie in Getreideprodukten und Kartoffeln. Kohlenhydrate werden in der Leber und in der Muskulatur gespeichert und stehen für den plötzlichen Energiebedarf bereit.

Nährwerttabelle kohlenhydratreicher Nahrungsmittel

Der eßbare Anteil von 100 g Nahrungsmittel enthält:

	Kohlenhydratreiche Nahrungsmittel	Kohlenhydrate g	Energie kJ	Energie kcal
Nährmittel	Corn-flakes	83	1624	388
	Eierteigwaren, roh	72	1633	390
	Haferflocken	66	1683	402
	Naturreis, roh	75	1553	371
	Reis, poliert, roh	79	1541	368
	Weizengrieß	75	1549	370
Brot	Brötchen	58	1164	278
	Knäckebrot	77	1591	380
	Mischbrot	52	1055	252
	Roggenvollkornbrot	46	1001	239
Kartoffeln	Kartoffelknödelmehl	77	1403	335
	Kartoffeln ohne Schale	19	356	85
	Kartoffelpüreepulver	79	1528	365
	Pommes frites (erhitzt)	34	1130	270
Obst	Äpfel	12	209	50
	Bananen	16	276	66
	Heidelbeeren	13	251	60
	Orangen	9	163	39
	Pflaumen	14	243	58
	Weintrauben	16	293	70
Trockenobst	Aprikosen	70	1281	306
	Pflaumen	59	1043	249
	Rosinen	64	1135	271

aus: R. Breuer, Optimale Ernährung im Sport, Gummersbach 1981

Fette. Das Fettdepot ist ebenfalls eine Energiereserve, aber langfristiger Art. Fette kommen als pflanzliche und tierische Öle und Fette vor.
Der durchschnittliche Mensch hat in seiner Körpersubstanz 8–12% Fett, bei einem übergewichtigen Menschen ist die Prozentzahl entsprechend höher, während ein austrainierter Athlet nur 2–5% Fettanteil in der Körpersubstanz hat. Die Fette bilden das Unterhautgewebe und schützen vor Schlag und Stoß sowie Temperatureinflüssen.
Eiweißstoffe. Ohne Eiweiß kein Leben! Eiweißstoffe werden zum Aufbau und zu der Erhaltung der Körpersubstanz benötigt, ein Punkt, der besonders Sportler angeht. Er muß den Eiweißbedarf seines Körpers genügend abdecken, damit die Substanz erhalten und der Körper aufgebaut werden kann.
Eiweiß kommt hauptsächlich vor in Fleisch, Milch, Eiern, Fisch, Milchprodukten, wie Quark und Käse, und Sojabohnen.
Mineralstoffe regulieren die Körperfunktionen und sind anorganische Bestandteile. Sie sind am Aufbau der Knochen und Zähne beteiligt und kommen hauptsächlich in Obst, Gemüse und Milch vor.
Vitamine sind organische Wirkstoffe, die in unterschiedlichen Mengen in fast allen Nahrungsmitteln vorhanden sind. Sie werden dem Körper in verhältnismäßig kleinen Mengen zugeführt, der Organismus kann die Vitamine nicht alle selbst aufbauen.
Wasser ist Bestandteil jeder Körperzelle, ist vorwiegend in flüssigen Nahrungsmitteln enthalten und dient im Organismus als Lösungs- und Transportmittel.
Begleitstoffe sind die unverdaulichen Ballaststoffe, die die Aufgabe haben, die Darmtätigkeit anzuregen, und Geschmacksstoffe zur Appetitanregung.

Vergleich des Fettgehaltes verschiedener Nahrungsmittel

Statt	Fett/g	Besser	Fett/g
½ l Vollmilch	18	½ l fettarme Milch	8
100 g Salami	47	100 g Corned beef	6
100 g Bratwurst	35	100 g Leber	4
100 g Sahnequark	11	100 g Magerquark	1
100 g Käse, 45% Fett i. Tr.	28	100 g Käse, 30% Fett i. Tr.	16
100 g Schweinekamm	32	100 g Schnitzel, mager	8
100 g Mett	31	100 g Tatar	4
100 g Erdnüsse	47	100 g Salzstangen	1
	Insgesamt: 249 g		Insgesamt nur: 48 g

aus: R. Breuer, Leistungssteigerung durch gezielte Ernährung, Bruchhausen-Vilsen, 1984

Elektrolyt-(Mineralstoff-) und Energiegehalt verschiedener Getränke

Getränke	Elektrolyte					Energie	
je ½ l	Natrium mg	Kalium mg	Calcium mg	Phosphor mg	Magnesium	kJ	kcal
Apfelsaft	10	580	35	35	20	963	230
Cola-Getränke	30	5	20	70	–	921	220
Grapefruitsaft, ungezuckert	5	825	40	65	–	628	150
Johannisbeersaft	25	500	75	50	–	1151	275
Limonade	–	–	–	–	–	1026	245
Malzbier	20	170	15	190	–	1173	280
Orangensaft	5	800	55	80	60	963	230
Vollbier	25	190	20	140	–	1005	240
Elektrolytgetränk				412 mg Calciumphosphat			
Vitamin-Mineral-Drink (je 100 g) = 1 Glas	330	140	160	100 mg Eisen (III) diphosphat		1613	380

aus: R. Milser, K. Grafe: Konditionsübungen, Fitneßtraining, Wirbelsäulengymnastik, Niedernhausen 1986

Die Bedürfnisse des Organismus müssen gedeckt werden. Ein Zuviel ist ebenso falsch wie ein zu wenig. Bei einer hundertprozentigen Ernährung für Sie als Bodybuilderin oder sogar Hochleistungssportlerin muß dementsprechend die Quantität und Qualität der Nahrungsmittel genauestens beachtet werden.

Energiebedarf

Der Energiebedarf des Menschen ist von verschiedenen Faktoren abhängig. Der Sportler oder Hanteltrainer denkt natürlich sofort an den Energiebedarf für sein anstrengendes Training, das über einen längeren Zeitraum geht und natürlich wirkungsvoll sein soll. Energie ist die Grundvoraussetzung dafür. Aber es spielen noch andere Faktoren eine Rolle: Alter, Geschlecht, Klima und Körperbau.
Die Stoffwechselvorgänge verlangsamen sich bei zunehmendem Alter, der Mensch wird »gesetzter«, und hat einen geringeren Energiebedarf. Bei der Frau liegt der Energiebedarf etwas niedriger als beim Mann. Bei kälterem Klima wird durch die notwendige Temperaturregulation der Umsatz gesteigert.

Der Energiebedarf wird auch beeinflußt durch das Körpergewicht und die Körpergröße sowie die Körperoberfläche. Somit ergibt sich für den Sportler, der eine mehrfache Muskelmasse besitzt als der Durchschnittsmensch, ein bedeutend höherer Energiebedarf.
Die Energie selbst wird im Organismus durch Stoffwechselvorgänge in Form von Abbau der Fette und Kohlenhydrate zu Wasser und Kohlendioxyd gewonnen. Herrscht ein Mangel an Fetten und Kohlenhydraten, so werden auch die Eiweißstoffe der Nahrung zur Energiegewinnung abgebaut. Die gewonnene Energie wird im Organismus in Arbeit bzw. in Wärme umgesetzt.
Energie, Arbeit und Wärmemenge sind Größen gleicher Art, sie werden deshalb in der gleichen Einheit gemessen: *Joule.*
Den täglichen Gesamtenergiebedarf kann man errechnen. Es müssen zwei Größen unterschieden werden: der Grundumsatz und der Leistungszuwachs.
Grundumsatz ist die Energiemenge, die der Mensch bei völliger Ruhe im Liegen durchschnittlich benötigt. Die Energiemenge wird benötigt zur Aufrechterhaltung der Atmung und des Blutkreislaufes sowie für die Stoffwechselvorgänge. Ein Erwachsener von 80 kg Körpergewicht hat einen durchschnittlichen Grundumsatz von etwa 7300 kJ (1700–1800 kcal).
Leistungszuwachs. Bringt der Mensch nun zusätzliche Leistungen auf, benötigt er eine Energiemenge zusätzlich. Dies nennt man Leistungszuwachs. Er ist hauptsächlich abhängig von der Arbeitsleistung und wird zusätzlich beeinflußt vom Klima und der Verdauungstätigkeit.
Es ergibt sich also die Formel, daß der Gesamtenergiebedarf gleich der Summe von Grundumsatz und Leistungszuwachs ist.

Kalorienverbrauch in den verschiedenen Sportarten
(bezogen auf 70 kg Körpergewicht)

Bei Körperruhe	1700–2200	Schwimmen (400–1500 m)	4000–5500
Kurzstreckenlauf	3000–4500	Radsportler (Straße)	4000–8000
Gymnastik	3500–4500	6-Tage-Fahren	5000–9000
Mehrkampf (Leichtathletik)	4000–5500	Spielsportarten (Fußball, Handball, Hockey, Eishockey)	4000–5800
Gewichtheben (je nach Gewichtsklasse)	3000–6000	Boxen	3000–5500
Mittelstreckenlauf	4000–5500	Rennrudern	5000–7000
Langstreckenlauf	4000–5500	Ringen	3000–5500
Skilanglauf	4000–5500	Judo	3000–5500

Muskelzunahme solo

Beim Zu- oder Abnehmen können Sie zwei »Körpergruppen« angreifen: Muskeln oder Fett.

Beide sind im ganzen Körper verteilt. Das größte Organ des Menschen ist nun einmal die Muskulatur, aber leider nistet sich auch Fett überall ein.

Bei der Zu- oder Abnahme des Körpergewichtes sind sowohl Fett als auch Muskulatur beteiligt. Man kann Fett abnehmen, Muskeln oder auch beides zusammen. Umgekehrt ist dies ebenso. Aber wer will schon, von ganz wenigen Ausnahmen abgesehen, Fett zunehmen? Im Gegenteil, Fettabnahme und Muskelzunahme ist meistens erwünscht. Kann man aber nur Muskeln zunehmen?

Nun gibt es die irrige Annahme, daß man auch »Muskelnahrung« zu sich nehmen müsse, um an Muskeln zuzunehmen.

Weit gefehlt! Zwar propagiert auch hier wieder einmal die Werbung ihre Mittel, die, wenn sie sinnvoll angewendet werden, teilweise ihre Daseinsberechtigung haben. Aber meistens geht das Denken der Verbraucher dahin, daß es die Menge mache.

»Hilft eine Kopfschmerztablette, werden wohl zehn davon mehr helfen.« So ungefähr lautet das Motto Überbegeisterter, die sich in abenteuerliche und gefährliche Vorhaben mit dem Ziel stürzen, »Schnelle Muskelzunahme um jeden Preis«.

Denken Sie etwa, Sie können die Erreichung von Muskeln umgehen, indem Sie im bequemen Sessel sitzen und das Mittel »Macht Deine Muskeln Groß« in sich reinstopfen?

Nur durch Training bekommen Sie Muskeln, und haben Sie eine sinnvolle Trainingszusammenstellung, dann geht es noch schneller mit der Muskelzunahme. Sind Sie erst einmal so weit, daß Sie nach den Angaben im Kapitel über Fortgeschrittenentraining trainieren können – dazu brauchen Sie sicherlich einige Monate –, dann sind Sie in einer Superphase, die wirklich fast ungeahnte Erfolge erkennen läßt.

Wenn Sie also hart und richtig trainieren und dabei Ihre Einnahme an Kalorien eingrenzen, passiert genau das, was die Überschrift dieses Kapitels sagt: Sie bauen Ihren Fettgehalt am Körper ab und nehmen gleichzeitig an Muskelmasse und dadurch eventuell auch an Körpergewicht zu.

Aber denken Sie daran, daß Sie unter Umständen auf der Waage gar nicht oder kaum abnehmen, da Muskelfleisch viel mehr wiegt als Fett.

Betrachten Sie sich im Spiegel und wenn das Körperfett weniger geworden ist, die Muskulatur jedoch ausgeprägter, dann sehen Sie eine totale Umwandlung an Ihrem Körper. Er ist gestrafft, sieht stärker aus und Ihre Gesamterscheinung ist wesentlich agiler geworden.

Hinzu kommt noch der *gesundheitliche Aspekt*, der ja immer wieder mit in den

Vordergrund geschoben werden sollte. Sie schleppen keine nutzlosen Pfunde in Form von Fett mit sich herum, sondern haben starke Muskeln, die Sie im Sport oder im Beruf verwenden können.
Mit *Muskeltraining* und *sinnvoller Ernährung* erhöhen Sie »den Freizeitwert Ihrer eigenen Person« um ein Vielfaches!

Für die Dame – Körper und Schönheit

Was glauben Sie, was mehr Eindruck macht? Eine aufrecht dahergehende Dame, die mit Energie und Lebensfreude förmlich um sich schmeißt oder eine Frau, die aufgrund einer strengen Diät bleich und eingesunken daherkommt.
Diät zusammen mit Körpertraining bewirkt immer, daß man agil und lebensfroh aussieht. Training selbst strafft die Haut, durchblutet diese besser und gibt viel Selbstvertrauen.
Damen sollten keine Angst haben, daß sie Muskelpakete ansetzen. Aufgrund der Hormonsteuerung ist dies einfach nicht möglich (oder nur in ganz, ganz seltenen Fällen). Und sollte es wirklich einmal so weit kommen, daß sich irgendwo etwas zu viele »Müskelchen« zeigen, die Sie nicht haben wollen, so trainieren Sie diese Muskeln einfach weniger und »frieren« Ihre Leistungen, also Wiederholungszahl und Gewicht, ein. Nun sehen Sie auch, wie gut ein Trainingstagebuch ist, in dem Sie alle Ihre Trainingsleistungen eintragen.
Eine Frau kann durch Training auch noch das Aussehen ihrer Figur steuern, indem sie hier und da etwas schmaler oder breiter erscheint, was sich letztendlich in der Gesamterscheinung positiv ausdrückt.

»Künstliches« zum Muskelaufbau – Chemie für den Körper

Viele glauben immer noch, sie könnten auf Dauer die Natur unbeschadet überlisten!
Wir haben unsere Muskeln am Körper, um die Lebensvorgänge aufrechtzuerhalten und um Leistungen zu vollbringen. Der gesamte Organismus ist so ausgelegt, daß er sogar unvorstellbare Leistungen vollbringen kann. Bestimmte Leistungsreserven sind vorhanden, in die in Notsituationen eingegriffen wird. Diese Reserven können jedoch nicht oft beansprucht werden. Durch chemische Mittel wie Anabolika und Aufputschmittel kann auf diese Leistungsreserven zurückgegriffen werden, was sich immer als schädlich erweist, denn die Natur läßt sich nicht überlisten, ohne dafür nicht zurückzuzahlen!

Der Autor hat in einer Notsituation selbst erfahren können, was eine »Helf-mir-Pille« bedeutet. Beim Bergsteigen kam es durch einen Wettersturz zu einer fast aussichtslosen Situation. Die »Pille« half und wirkte natürlich sehr intensiv, da keinerlei Gewöhnung vorhanden war. Die Notsituation konnte überwunden werden, aber nach 34stündiger Gefahr, Anspannung und körperlicher Höchstleistung kam der totale Zusammenbruch, der anschließend lange Zeit anhielt.
Leider gibt es Sportler – auch viele Bodybuilder – die kontinuierlich unter Einwirkung chemischer Mittel stehen, ohne jedoch in einer Notsituation zu sein. Deren Ziel ist es, riesige Muskeln aufzubauen, wofür alle Mittel recht sind. Dies ist ein Weg, der mit Zeitbomben gespickt ist!
Die *Nebenwirkungen* und *Langzeit-Nachwirkungen* sind noch gar nicht bekannt. Halten Sie sich von solchen Abenteuern fern! Wenn Sie einmal einen Bodybuilder sehen würden, der erst siegesfreudig in Höchstform auf der Bühne stand und seinen Erfolg durch künstliche Mittel erreicht hat, und diesen dann nach einigen Wochen der Abstinenz dieser Hilfsmittel wiedersehen würden, Sie würden erschrecken!
Diese Leute sollten, bevor sie zu solchen Zeitbomben greifen, erst einmal alle Möglichkeiten des Trainings und der Ernährung ausschöpfen, dann brauchen sie nicht mehr auf die Verbesserungsmittel zurückgreifen, um dann einen zweifelhaften Sieg zu erringen.

... und was sonst noch?

Trainingsplanung – Trainingstagebuch

Wie schon angesprochen, sollten Sie alle Notizen und Pläne in Ihr *Trainingsbuch* eintragen. Dazu gehören vor allen Dingen Ihre *Übungen* und die benutzten *Gewichte* und *Wiederholungszahlen.* Dadurch haben Sie nicht nur Motivation für das nächste Training, sondern Sie können auch jederzeit auf Ihre bisherigen Leistungen zurückblicken.

Hier noch einmal eine vollständige Liste, was Sie sonst noch in Ihr Buch aufnehmen sollten:

1. Ein oder mehrere Fotos, bevor Sie mit dem Training beginnen. Sie können dann besser Ihren Fortschritt beobachten. Machen Sie im Badeanzug oder in der Badehose je ein Foto von vorne, von der Seite und von hinten. Wird nach einigen Monaten wieder die gleiche Position fotografiert, haben Sie gute Vergleichswerte.
2. Messen Sie Ihren Körper: Brustkorb, Beine, Arme, Hüfte und Taille. Notieren Sie diese Maße. Nach einigen Wochen schon werden Sie nach erneutem Messen in der Vergleichstabelle Erstaunliches feststellen.
3. Notieren Sie Ihr Körpergewicht.
4. Notieren Sie Ihre kurz-, mittel- und langfristigen Trainingsziele. Beschreiben Sie dann Ihre Ziele ausführlicher.
5. Notieren Sie alles, was Sie für Ihr Heimsportstudio zukünftig erwerben wollen. Machen Sie eine Liste der Geräte. Vielleicht wollen Sie ein schönes Radio mit Cassettenrecorder installieren, um während des Trainings motivierende Musik ablaufen zu lassen. Vielleicht wollen Sie sich einen Boxball, eine Aerobic-Matte oder ein stationäres Fahrrad anschaffen.
6. Notieren Sie vor und nach jedem Training, wie Sie sich fühlen und wie Sie motiviert sind. Stichworte genügen.
7. Listen Sie Ihre Nahrungsaufnahme auf, geben Sie die Kalorien an und addieren Sie diese täglich. Fassen Sie die Aufzeichnungen in Grafiken zusammen!
8. Haben Sie einmal gesündigt oder nur halbherzig trainiert, vermerken Sie dies mit einem roten Kreuzchen. Versuchen Sie die Ursache Ihrer »Fehltritte« herauszubekommen!

Kommen wir noch einmal auf die Trainingsplanung zurück. Wir wissen, daß wir nach jedem Trainingstag pausieren sollten, damit sich der trainierte Muskel erholen kann. Nun können Sie jedoch Ihr Training splitten, worunter man folgendes versteht. Wenn Sie an einem Tag die Drückübungen machen, können Sie am nächsten Tag die Zugübungen machen. Ein Trainingsplan, der dann ein viermaliges Training in der Woche beinhalten würde, sähe so aus:

1. Tag: Training der Brust, der Schultern und des Trizeps
2. Tag: Training der Beine, des Rückens und des Bizeps
3. Tag: kein Training
4. Tag: Training wie Tag 1
5. Tag: Training wie Tag 2
6. Tag: wieder ein Tag Pause
7. Tag: nochmals Pause, um dann den Rhythmus von vorne zu beginnen.

Dabei ist es gar nicht so schlimm, wenn Sie einmal einen Tag aussetzen oder Ihr Training einen Tag nach hinten verschieben, aber Pausen von mehr als 10 Tagen wirken sich schon negativ aus und bedingen einen »neuen Anfang«. Ihre Muskeln haben sich entwöhnt und müssen langsam wieder eingestimmt werden, sonst laufen Sie tagelang mit einem unangenehmen Muskelkater herum.

»Create an Illusion«

Dieser amerikanische Ausdruck nimmt einen bedeutenden Platz im Bodybuildingwesen ein. Sie sollten sich das »Erstellen einer Illusion« zueigen machen. Wir hatten dieses Thema schon aufgegriffen. Breite Schultern »illusionieren« schmale Hüften. Aber der Körper muß, um schön und elegant zu erscheinen, auch ausgeglichen erscheinen, Symmetrie haben.
Für den Mann heißt dies, daß das Umherlaufen mit einem ausgeprägten Oberkörper auf »Hühnerbeinchen« ebenso unschön ist wie das Zurschautragen von überdimensionalen Oberarmen an einem schmalen Oberkörper.
Auch die Dame sollte auf Ausgeglichenheit ihrer Figur achten. Das ist ja eben das Schöne, daß man mit dem »Körper-Bilden« gezielt am eigenen Körper »herumbasteln« kann. Nutzen Sie alle Wege des Trainings und der Ernährung aus, um gezielt Ihre Figur zu gestalten.

Training im fortgeschrittenen Alter

Weniger oder gar kein Training für ältere Personen? Natürlich läßt im Alter die Leistungsfähigkeit nach, aber gerade darum sollte der ältere Mensch trainieren. Es besteht im zunehmenden Alter die Gefahr, daß die Muskulatur verkümmert und

dem sollte entgegengewirkt werden. Aktive Menschen sind sogar im hohen Alter noch sehr beweglich und leistungsfähig und man ist mittlerweile zu der Ansicht gekommen, daß *Muskeltraining* den *Alterungsprozeß verlangsamt.*
Es liegt klar auf der Hand, daß ältere Menschen sehr behutsam an das Training herangehen müssen. Der Arzt sollte auf jeden Fall vorher konsultiert werden. Aber schon nach kurzer Zeit des Trainings steigt die körperliche Leistung, Unternehmungslust und Freude am Leben kehren bald wieder zurück.

Training im Sportstudio – was Sie beachten müssen

Ohne jetzt alle Sportstudios zu verdonnern, muß der Autor Ihnen einige Dinge sagen, die vielen Inhabern dieser Studios nicht passen werden.
Jeder kann ein Sportstudio aufmachen, und er braucht dazu keine spezielle Erlaubnis. So kommt es natürlich dazu, daß viele Geschäftsleute und »Experten« ein Studio eröffnen. Ein Sportstudio ist jedoch nur so gut, wie die Trainingsanleitung dort ist. Die ist, ganz milde ausgedrückt, teilweise katastrophal, ja sogar gefährlich.
Da werden Dinge erzählt von schnellem Abnehmen durch schnelle Trainingsbewegungen, vom vielen Trainieren (viel hilft viel), vom Training jeden Tag und es werden Anweisungen über Ernährung gegeben, die jeder Beschreibung spotten.
Es ist für einen Neuling sehr schwer, wenn nicht sogar unmöglich, ein »richtiges« Sportstudio zu finden. Der Autor kennt nur ganz wenige Sportstudios, in denen gute bis sehr gute Trainingsanleitungen gegeben werden.
Ihnen als Leserin oder Leser dieses Buches soll auf diesem Wege geholfen werden, aber Sie laufen Gefahr – der Autor weiß das aus Erfahrung –, daß Sie unter der Obhut eines nicht ausgebildeten Trainers bald in einen schlechten Trainingsrhythmus verfallen. Vielleicht laufen Sie auch in eine andere Falle, indem Sie die im Studio Trainierenden nachahmen, was in den seltensten Fällen richtig ist, denn der größte Teil der Trainierenden führt die Übungen falsch durch.
Wenn Sie sich an die Anweisungen in diesem Buch halten, sind Sie auf dem richtigen Weg!
Auf den folgenden Seiten werden Übungen vorgestellt, die Sie in einem *Sportstudio* durchführen können. Natürlich sind Sie nicht daran gebunden, da Sie vielleicht nicht alle Geräte vorfinden.

Übung 29

1. Bezeichnung der Übung: Beinpressen am Gerät
2. Benötigte Geräte: Duo-Squat-Maschine
3. Trainiert wird: die Oberschenkelmuskulatur
4. Mittrainiert wird: der Gesäßmuskel und die Wadenmuskulatur
5. Anfangsstellung: Stellen Sie die Rückenlehne so ein, daß Ihre Beine in den Kniegelenken noch etwas angewinkelt sind, wenn Sie die beiden Fußpedale durchdrücken.
6. Endstellung: Von diesem Punkt aus beugen Sie ein Bein so weit wie möglich an.
7. Was Sie unbedingt beachten sollten: Machen Sie diese Übung wirklich langsam und konzentriert. Arbeiten Sie an einer Beinpreßmaschine, an der Sie beide Beine nur gleichzeitig durchdrücken können, dann strekken Sie die Beine nie voll durch, sondern lassen sie in der Anfangsstellung immer leicht gebeugt. Dies erhöht die Wirkung der Übung und gibt Ihnen keine Gelegenheit, nach jeder Wiederholung ein paar Sekunden auszuruhen.
8. Beschreibung der Übung:
   Drücken Sie mit dem Bein das Pedal bis in die Anfangsstellung. Nun geben Sie mit dem anderen Bein so weit wie möglich nach, und pressen dann wieder durch. Nun üben Sie wieder das andere Bein.

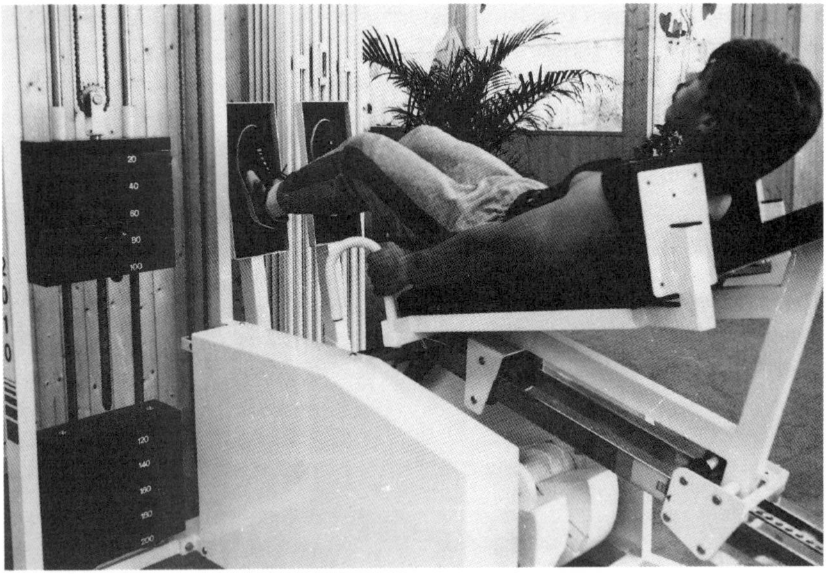

Abb. 29

Übung 30

1. Bezeichnung der Übung: Beinstrekken
2. Benötigte Geräte: Beinstreckmaschine
3. Trainiert wird: die Oberschenkelmuskulatur
4. Mittrainiert wird: kein weiterer Muskel
5. Anfangsstellung: Setzen Sie sich in das Gerät und halten Sie die Beine angewinkelt gegen den Widerstand
6. Endstellung: Beine ausgestreckt
7. Was Sie unbedingt beachten sollten: Halten Sie während der Übung den Kopf nach hinten auf das Rückenpolster.
8. Beschreibung der Übung:
   Strecken Sie die Beine von der angewinkelten Stellung in die gestreckte Endstellung, halten Sie diese Position eine Sekunde und lassen Sie dann wieder langsam ab.

Abb. 30

Übung 31

1. Bezeichnung der Übung: Beinanwinkeln
2. Benötigte Geräte: Beincurlmaschine
3. Trainiert wird: die Oberschenkelrückseite
4. Mittrainiert wird: die Wadenmuskulatur
5. Anfangsstellung: Beine gestreckt
6. Endstellung: Beine angewinkelt
7. Was Sie unbedingt beachten sollten: Halten Sie während der Übung die Füße gestreckt.
8. Beschreibung der Übung: Von der Anfangsstellung winkeln Sie Ihre Beine gegen den Widerstand an, halten eine Sekunde und lassen dann wieder ab.

Abb. 31

Übung 32

1. Bezeichnung der Übung: Kabelziehen sitzend
2. Benötigte Geräte: Kabelzugmaschine
3. Trainiert wird: die obere Rückenmuskulatur
4. Mittrainiert werden: die untere Rükkenmuskulatur, der Bizeps und der Unterarm
5. Anfangsstellung: Arme gestreckt
6. Endstellung: Arme gebeugt
7. Was Sie unbedingt beachten sollten: Bewegen Sie möglichst den Oberkörper nicht zu viel, besonders nicht in die Rückenlage hinein.
8. Beschreibung der Übung: Ziehen Sie die Handhalterung von der gestreckten Position ganz an Ihren Körper heran, halten diese dort eine Sekunde und gehen Sie dann wieder langsam zurück, wobei Sie dann mit dem Oberkörper etwas vorgehen können, um den Rückenmuskeln eine gewisse Streckung zu geben.

Abb. 32

Übung 33

1. Bezeichnung der Übung: Seilziehen hinter dem Nacken
2. Benötigte Geräte: Seilzugmaschine
3. Trainiert wird: die obere Rückenmuskulatur
4. Mittrainiert werden: der Bizeps und der Unterarm
5. Anfangsstellung: Arme gestreckt
6. Endstellung: Arme angezogen
7. Was Sie unbedingt beachten sollten: Benutzen Sie die Stange mit den Parallelgriffen. Diese ist idealer, da in dieser Position der Bizepsmuskel in der stärksten Position ist. Nehmen Sie niemals einen ganz breiten Griff, wie es vielfach zu sehen ist.
   Ein breiter Griff bedeutet nicht einen breiten Rücken, im Gegenteil, durch einen breiten Griff wird der Bewegungsablauf für die Rückenmuskulatur ziemlich eingeengt.
8. Beschreibung der Übung:
   Von der gestreckten Position ziehen Sie die Stange hinter den Nacken so weit wie möglich nach unten. Sie können variieren, indem Sie die Stange auch vor dem Kopf nach unten ziehen.

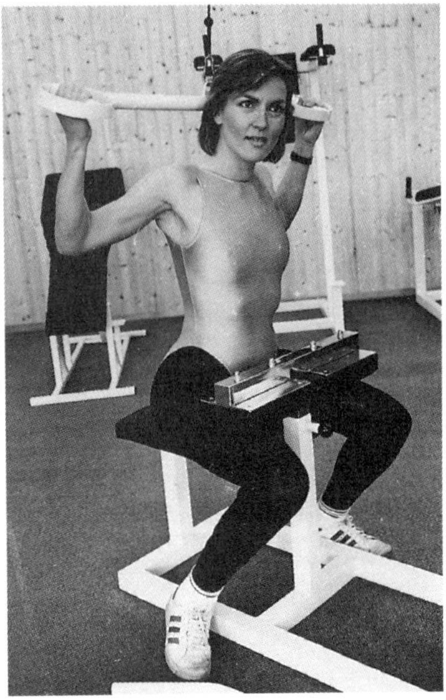

Abb. 33

Übung 34

1. Bezeichnung der Übung: Brustmaschinentraining, auch Butterfly genannt
2. Benötigte Geräte: Brustmaschine/Butterflymaschine
3. Trainiert wird: die Brustmuskulatur
4. Mittrainiert wird: kein weiterer Muskel
5. Anfangsstellung: Arme auseinander
6. Endstellung: Arme zusammengeführt
7. Was Sie unbedingt beachten sollten: Drücken Sie die beiden Rundpolster mit den Ellenbogen zusammen und nicht mit den Händen. Halten Sie die Hände geöffnet und den Kopf nach hinten an das Polster gelehnt.
   Sie machen diese Brustübung lediglich mit der Brustmuskulatur, da die Arme als schwaches Glied ausgeschaltet sind. Dies erhöht die Wirkung dieser Übung.
8. Beschreibung der Übung:
   Führen Sie von der Anfangsstellung die beiden Rundpolster mit den Ellenbogen vor dem Kopf zusammen, halten Sie dort eine Sekunde und lassen Sie dann wieder langsam zurück.

Abb. 34a

Abb. 34b

Übung 35

1. Bezeichnung der Übung: Klimmzüge
2. Benötigte Geräte: Klimmzugstange
3. Trainiert wird: die obere Rückenmuskulatur
4. Mittrainiert werden: der Bizeps, der Unterarm und die Handmuskulatur
5. Anfangsstellung: Arme gestreckt
6. Endstellung: Arme angezogen
7. Was Sie unbedingt beachten sollten: Ziehen Sie sich nicht ruckartig nach oben, sondern langsam, lediglich mit der Kraft der Arme und der Rükkenmuskeln.
8. Beschreibung der Übung:
   Von der gestreckten Stellung aus ziehen Sie sich nach oben, bis Sie mit dem Kinn in Höhe der Klimmzugstange sind.

Abb. 35

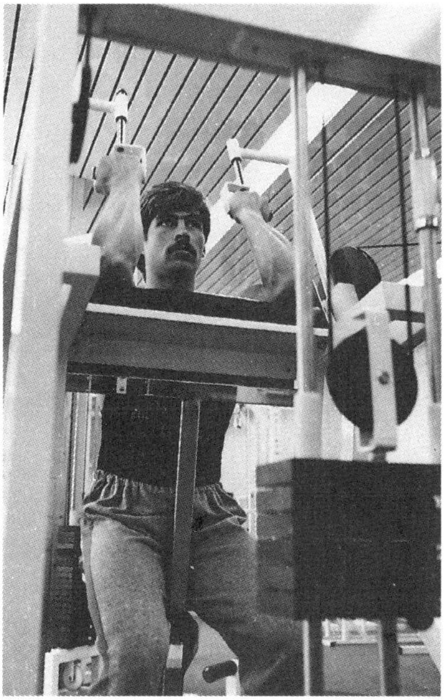

Abb. 36

Übung 36

1. Bezeichnung der Übung: Bizepscurl
2. Benötigte Geräte: Bizepsmaschine
3. Trainiert wird: der Bizeps
4. Mittrainiert werden: der Unterarm und die Handmuskulatur
5. Anfangsstellung: Arme gestreckt
6. Endstellung: Arme angewinkelt
7. Was Sie unbedingt beachten sollten: Sie sollten den gesamten Bewegungsablauf von der gestreckten Stellung aus bis zur vollkommenen Anwinkelung ausnutzen.
8. Beschreibung der Übung:
   Von der gestreckten Stellung aus ziehen Sie die Griffe an, bis Sie damit fast Ihre Schultern berühren. Diese Bizepsmaschinen haben einen Exzenter, der an den Widerstand der Kraftkurve angepaßt ist. Leider sind manche Maschinen fehlkonstruiert und haben an der Anfangsstellung einen zu hohen Widerstand, der kaum einen ruckfreien Start zuläßt. Dies müssen Sie dann etwas »überspielen«.

Übung 37

1. Bezeichnung der Übung: Trizepsstrecken
2. Benötigte Geräte: Trizepsmaschine
3. Trainiert wird: der Trizeps
4. Mittrainiert wird: kein weiterer Muskel
5. Anfangsstellung: Arme angewinkelt
6. Endstellung: Arme gestreckt
7. Was Sie unbedingt beachten sollten: Achten Sie auf saubere und korrekte Ausführung.
8. Beschreibung der Übung:
   Setzen Sie sich in das Gerät und drücken Sie die beiden Polster ganz nach unten, bis Ihre Arme gestreckt sind, lassen Sie den Widerstand wieder von dort zurück.

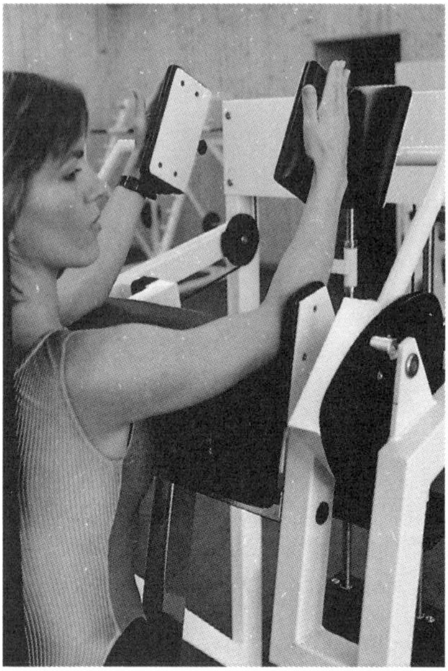

Abb. 37

Übung 38

1. Bezeichnung der Übung: Seitheben
2. Benötigte Geräte: Multipress-Maschine
3. Trainiert wird: die seitliche Bauchmuskulatur
4. Mittrainiert werden: der Unterarm und der Trapezius
5. Anfangsstellung: 38a
6. Endstellung: 38b
7. Was Sie unbedingt beachten sollten: Neigen Sie den Oberkörper wirklich zur Seite, nicht mit Tendenz nach vorne!
8. Beschreibung der Übung:
   Stellen Sie sich auf eine Bank, und fassen Sie mit einer Hand die Stange, wie aus den Abbildungen ersichtlich.
   Nun beugen Sie den Oberkörper in der Hüfte zur Seite, und zwar so weit wie möglich.
   Beugen Sie sich wieder zurück; auch hier gehen Sie so weit wie möglich hinüber.
   Sie erzielen mit dieser Übung im Unterschied zur entsprechenden Hantelübung eine kontinuierliche Belastung auf den Muskel.
   Wechseln Sie nach erreichter Wiederholungszahl zur anderen Seite über.

Abb. 38a

Abb. 38b

Übung 39

1. Bezeichnung der Übung: Aufsitzen
2. Benötigte Geräte: ein verstellbares Bauchbrett
3. Trainiert wird: die gerade Bauchmuskulatur
4. Mittrainiert wird: der Schenkelanzieher
5. Anfangsstellung: 39a
6. Endstellung: 39b
7. Was Sie unbedingt beachten sollten: Wichtig: Nicht ruckartig bewegen, nicht schnell bewegen! Schnelle Bewegungen zaubern den Bauch nicht weg!
   Beine unbedingt »geknickt« halten, sonst zu starke Wirbelsäulenbelastung!

Abb. 39a

Abb. 39b

8. Beschreibung der Übung:
Wie die Abbildungen zeigen, klemmen Sie die Füße unter die Halterung. Halten Sie auf keinen Fall die Beine gestreckt (wichtig!).
Nun richten Sie den Oberkörper auf, bis dieser fast waagerecht ist.
Lassen Sie dann den Oberkörper wieder herunter.
Versuchen Sie, den Rücken Wirbel für Wirbel abzurollen.
Gehen Sie nicht so weit herunter, bis der ganze Körper aufliegt, sondern so weit, wie Abb. 39a zeigt.
9. Bemerkungen:
Die gleiche Übung können Sie auch mit gekreuzten Beinen ausführen (Abb. 39c Anfangsstellung, Abb. 39d Endstellung). Sie trainieren so die seitlichen Bauchmuskeln.

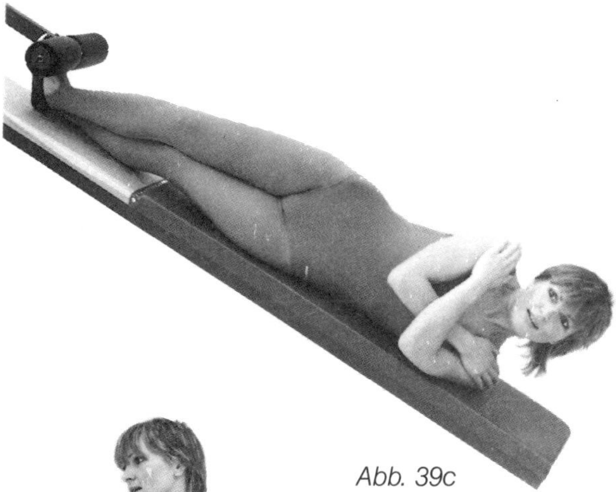

Abb. 39c

Abb. 39d

Übung 40

1. Bezeichnung der Übung: Oberkörperheben
2. Benötigte Geräte: »Hyperextension«-Vorrichtung
3. Trainiert wird: die untere Rückenmuskulatur
4. Mittrainiert wird: der Schenkelanzieher (leicht)
5. Anfangsstellung: 40a
6. Endstellung: 40b

Abb. 40a

7. Was Sie unbedingt beachten sollten:
   Sie dürfen nicht schwingen!
8. Beschreibung der Übung:
   »Hängen« Sie sich in das Gerät, wie Abb. 40a zeigt.
   Nun heben Sie den Oberkörper an, bis die Stellung von Abb. 40b erreicht ist.
   Lassen Sie den Oberkörper langsam wieder herab.

Abb. 40b

Übung 41

1. Bezeichnung der Übung: Wadenheben
2. Benötigte Geräte: Wadenmaschine
3. Trainiert wird: die Wadenmuskulatur
4. Mittrainiert werden: keine weiteren Muskeln
5. Anfangsstellung: 41a
6. Endstellung: 41b
7. Beschreibung der Übung:
   Hier ist eine Nautiluswadenmaschine dargestellt, das Gewicht ist mittels eines breiten, bequemen Gürtels, auf den Hüften liegend, fixiert.

Es gibt auch andere Konstruktionen, wo beispielsweise 2 Bügel auf den Schultern liegen. Halten Sie die Beine durchgedrückt, und gehen Sie aus der Anfangsstellung 41a nach oben, indem Sie die Füße anheben, und zwar so weit wie möglich. Von dieser Position 41b gehen Sie wieder herunter und strecken die Waden so weit wie möglich. Nutzen Sie den vollen Bewegungsablauf, erst dann ist Ihnen eine hohe Effizienz des Trainings garantiert.

Abb. 41a

Abb. 41b

Übung 42

1. Bezeichnung der Übung: Pullovermaschine
2. Benötigte Geräte: Pullovermaschine Nautilus
3. Trainiert wird: die obere Rückenmuskulatur
4. Mittrainiert werden: keine weiteren Muskeln
5. Anfangsstellung: 42a
6. Endstellung: 42b
7. Beschreibung der Übung:
   Diese Übung ist eine äußerst wirksame Variante zum Training des oberen Rückens.
   Setzen Sie sich in die Nautilusmaschine, aber arretieren Sie den Sitz vorher so, daß Ihre Schultergelenke mit den Bewegungsachsen der Maschine in der Höhe übereinstimmen.
   Nun treten Sie auf den Arretierungshebel, damit Sie mit den Ellbogen in die Polster hineinkommen können. Von dieser Stellung aus, die auf Abb. 42a gezeigt ist, drücken Sie mit den Ellbogen den Hebel nach unten, bis die Querstange Ihren Bauch erreicht (Abb. 42b). Halten Sie dort 1 Sekunde, und lassen Sie langsam wieder zurück. Machen Sie die Übung sehr korrekt und sehr langsam, damit der gesamte Rückenbereich trainiert wird. Lassen Sie die Arme so weit wie möglich nach hinten kommen. Sie werden feststellen, daß diese Übung den Körper dehnt. Versuchen Sie keine ruckartigen Bewegungen.

Abb. 42a

Abb. 42b

Übung 43

1. Bezeichnung der Übung: Training der Gesäßmuskulatur und der unteren Rückenmuskulatur
2. Benötigte Geräte: Hip + Back-Maschine von Nautilus
3. Trainiert wird: der große Gesäßmuskel und die untere Rückenmuskulatur
4. Mittrainiert werden: keine weiteren Muskeln
5. Anfangsstellung: –
6. Endstellung: –
7. Beschreibung der Übung:
   Bevor wir zur Durchführung der Übung kommen, eine Bemerkung vorweg: Oft haben Frauen zum Ziel, das Gesäß zu trainieren, und hier bietet sich keine andere Übung und kein besseres Gerät an als diese Nautilusmaschine.

Wir sprachen schon davon, daß durch Muskeltraining ein Tonus entsteht und die Figur gestrafft wird. So wird beispielsweise ein »hängendes« Gesäß dadurch gestrafft und gehoben, daß das Gesäß selbst trainiert (ist ein sehr großer Muskel) und der untere Rücken gestrafft wird.

Beides geschieht auf der Nautilus-Hip + Back-Maschine. Ein Erfolg ist allerdings nur dann zu erwarten, wenn die Übung richtig und vor allen Dingen auch korrekt ausgeführt wird.

Legen Sie sich mit dem Rücken auf das gut gepolsterte Gerät, und heben Sie beide Beine über die gepolsterten Rollen. Die Bewegungsachse der Hüfte sollte mit der Achse der Maschine übereinstimmen. Befestigen Sie nun den Gurt, jedoch nicht zu stark, fassen Sie die beiden Handgriffe, und drücken Sie die Beine nach unten, so daß diese gestreckt sind, wie auf Abb. 43 mit dem rechten Bein zu sehen ist. Halten Sie nun ein Bein gestreckt, und nehmen Sie das andere Bein zurück, und zwar so weit wie möglich. Auf Abb. 43 ist dies mit dem linken Bein gezeigt.

Aus dieser Position drücken Sie das Bein wieder nach vorne und auch geradeaus. Halten Sie nun dieses Bein geradeaus, und bewegen Sie das andere Bein nach hinten.

Wechseln Sie in dieser Weise ab.

Zu bemerken ist dazu noch, daß es sich außerordentlich günstig auswirkt, wenn Sie die Gesäßmuskeln bei jeder Streckung zusätzlich anspannen.

Seien Sie zu Beginn mit dieser Übung sehr vorsichtig. Sie können sich zwar, wenn Sie die Übung korrekt ausführen, nicht verletzen, aber Sie würden einen anständigen Muskelkater im unteren Rückenbereich und am Po verspüren.

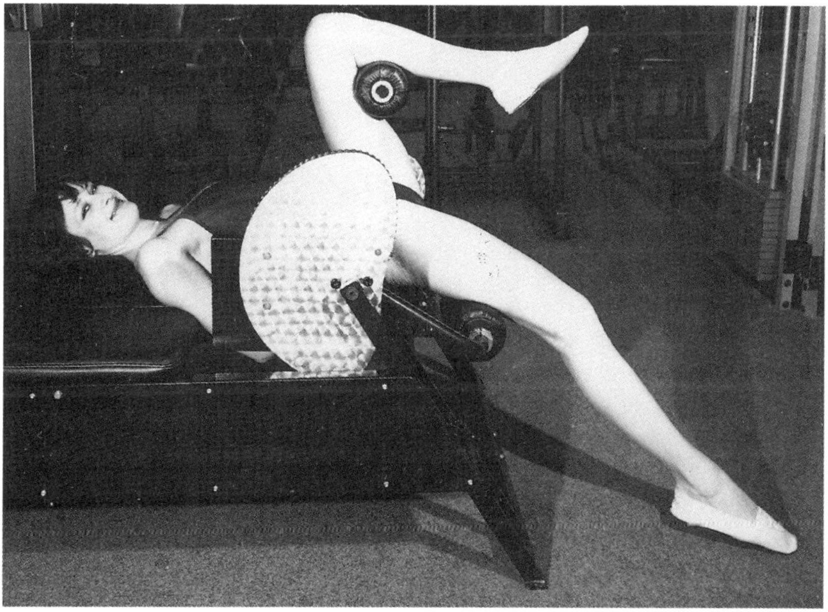

Abb. 43

Abb. 44a

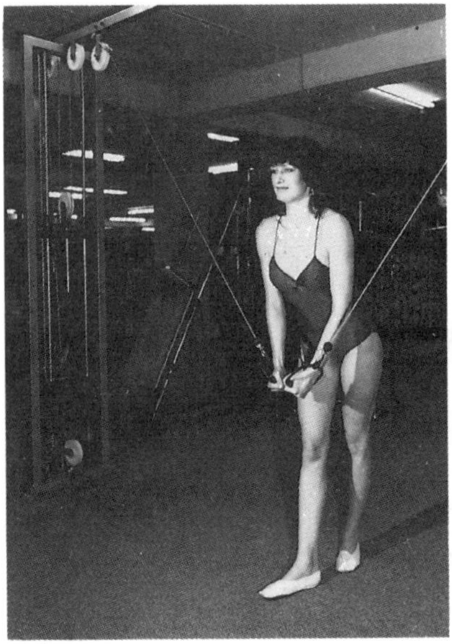

Abb. 44b

Übung 44

1. Bezeichnung der Übung: Seilzugübung
2. Benötigte Geräte: zwei Seilzuggeräte
3. Trainiert wird: die Brustmuskulatur
4. Mittrainiert wird: etwas der Bizeps
5. Anfangsstellung: 44a
6. Endstellung: 44b
7. Beschreibung der Übung:
   Da gute Sportstudios über zweiseitige Seilzugvorrichtungen verfügen, sei diese Übung beschrieben. Es ist eine sehr interessante Variante zum Seitheben mit Kurzhanteln, da bei der Seilzugübung die Brustmuskulatur von der Anfangsstellung bis zur Endstellung kontinuierlich angespannt wird.
   Fassen Sie die beiden Griffe, wie Abb. 44a zeigt, und drücken Sie sie zusammen, bis Sie die Stellung wie Abb. 44b erreicht haben. Lassen Sie dann die Griffe langsam wieder zurück.
   Eine Variation besteht darin, daß Sie etwas zurücktreten und den Oberkörper mehr nach vorne beugen. So werden Ihre Brustmuskeln aus einem anderen Winkel trainiert und, wie Sie ja schon wissen, jede Variation im Bodybuilding ist von großem Nutzen.

Übung 45

1. Bezeichnung der Übung: Seitheben
2. Benötigte Geräte: Nautilus-Schultermaschine
3. Trainiert wird: die Schultermuskulatur
4. Mittrainiert werden: keine anderen Muskeln
5. Anfangsstellung: 45a
6. Endstellung: 45b
7. Beschreibung der Übung:
   Für diese Übung benötigen wir eine Trainingsmaschine gemäß Abb. 46, eine Nautilusmaschine zum Training der Schultern.
   Setzen Sie sich in die Maschine, wie Abb. 45a zeigt, und heben Sie die Arme gegen die Polster so hoch, bis Sie die Endstellung 45b erreicht haben.
   Halten Sie dort den Widerstand für 1 Sekunde, und lassen Sie ihn dann langsam zurück.
   Machen Sie die Übung konzentriert und langsam.
   Eine weitere Intensivierung würde bedeuten, wenn Sie sofort nach Beendigung der Wiederholungszahl hinter sich greifen und eine Art »Langhanteldrücken« hinter dem Nacken ausführen. Supertraining für die Schultermuskulatur!

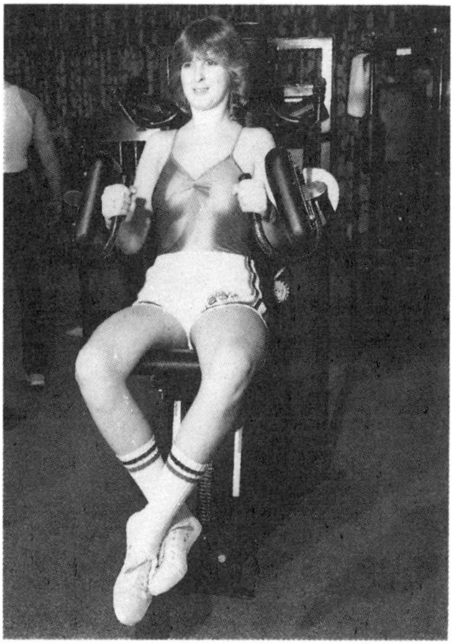

Abb. 45a

Abb. 45b

Übung 46

1. Bezeichnung der Übung: Drücken an der Maschine
2. Benötigte Geräte: eine Drückvorrichtung
3. Trainiert wird: die Brustmuskulatur
4. Mittrainiert werden: die Schultermuskulatur und die Trizeps
5. Anfangsstellung: 46a
6. Endstellung: 46b

Abb. 46a

7. Beschreibung der Übung:
Sie können die Griffbreite variieren und bringen so eine weitere Abwechslung in Ihr Training.
Drücken Sie das Gewicht aus der Stellung 46a herauf, bis Sie die Stellung 45b erreicht haben. Wie Sie ja wissen, besteht eine weitere Variante und Intensivierung Ihres Trainings darin, das Gewicht nicht ganz auszudrücken, sondern nur so weit hochzuheben, daß die Arme nicht ganz durchgedrückt sind.
Bodybuilding ist eine Sache des persönlichen Geschmacks, und was dem einen an Übungen gefällt, wird von dem anderen vielleicht verabscheut. Suchen Sie Ihren eigenen individuellen Stil.

Abb. 46b

Übung 47

1. Bezeichnung der Übung: Nautilusrudern
2. Benötigte Geräte: Nautilus-Rudermaschine
3. Trainiert wird: die hintere Schultermuskulatur
4. Mittrainiert wird: die Rückenmuskulatur
5. Anfangsstellung: 47a
6. Endstellung: 47b
7. Beschreibung der Übung:
   Ein schöner Rücken kann auch entzücken, vor allen Dingen, wenn er gut geformt ist. Dies erreichen Sie garantiert mit dieser Rudermaschine. Auch hier wird der Muskel ganz isoliert trainiert, vornehmlich auch die hintere Schultermuskulatur, deswegen haben wir die Übung in den Komplex Schultertraining eingeordnet.

Abb. 47a

Starten Sie wie auf Abb. 47a gezeigt, und drücken Sie mit den hinteren Armteilen die Polster nach hinten. Machen Sie keine ruckartigen Bewegungen!
Aus der Endstellung 47b gehen Sie langsam wieder nach vorne und strecken die Arme.

Die Übung soll langsam, konzentriert und korrekt durchgeführt werden. Das gilt nicht nur für diese Übung, sondern für alle. Bitte achten Sie immer wieder darauf!

Abb. 47b

Übung 48

1. Bezeichnung der Übung: Bizepsübung an Spezialbank
2. Benötigte Geräte: Übungsbank mit Zusatzlehne und eine Langhantel
3. Trainiert wird: der Bizeps
4. Mittrainiert werden: keine anderen Muskeln
5. Anfangsstellung: 48a
6. Endstellung: 48b
7. Beschreibung der Übung:
   Die Palette der Bizepsübungen wird angereichert! Sicherlich macht Ihnen diese Übung ebenfalls viel Spaß.

Abb. 48a

Nehmen Sie die Anfangsstellung 48a ein. Griffbreitenvariationen werden empfohlen!
Bewegen Sie nun die Hantel langsam nach oben, bis Sie die Stellung 48b erreicht haben.
Halten Sie das Gewicht 1 Sekunde, und lassen Sie es langsam wieder herab.
Es ist eine sehr gute Übung, die Sie konzentriert ausführen können und auch sollten.

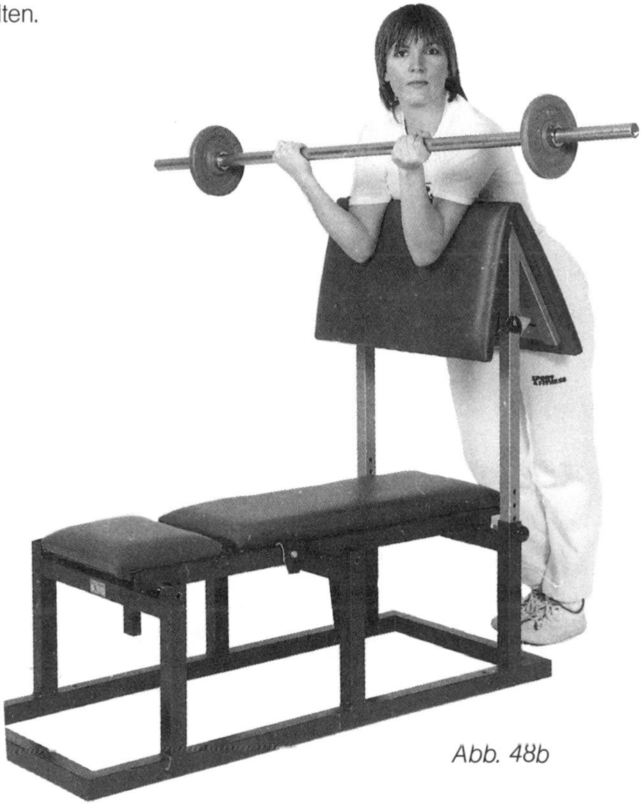

Abb. 48b

Übung 49

1. Bezeichnung der Übung: Bizepsbeugen an Spezialbank
2. Benötigte Geräte: Übungsbank mit Zusatzlehne und zwei Kurzhanteln
3. Trainiert wird: der Bizeps
4. Mittrainiert werden: keine weiteren Muskeln
5. Anfangsstellung 49a
6. Endstellung: 49b

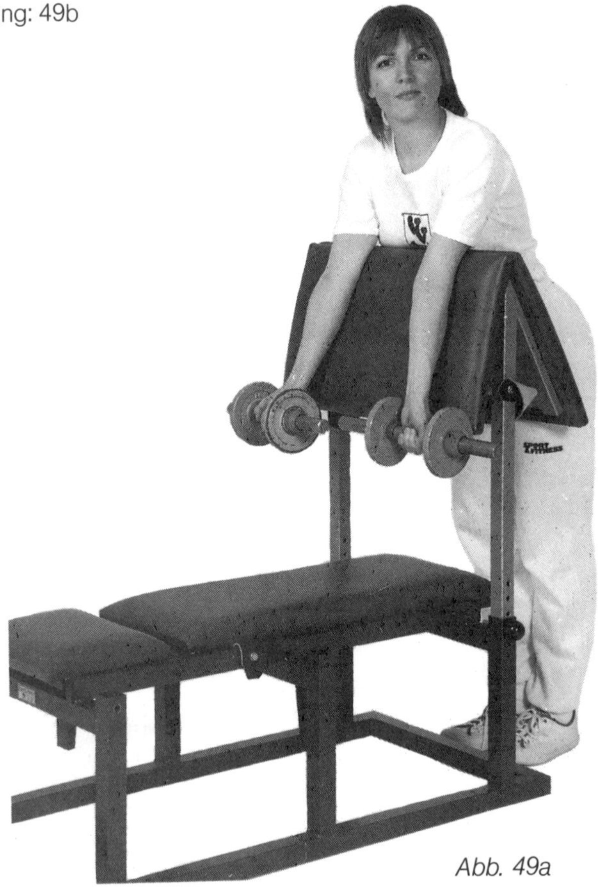

Abb. 49a

7. Beschreibung der Übung:
   Sie können die Langhantelübung mit dieser Übung abwechseln. Der Übungsvorgang ist der gleiche.
   Durch Drehung der Handgelenke können Sie eine zusätzliche Variation in den Übungsablauf hineinbringen.

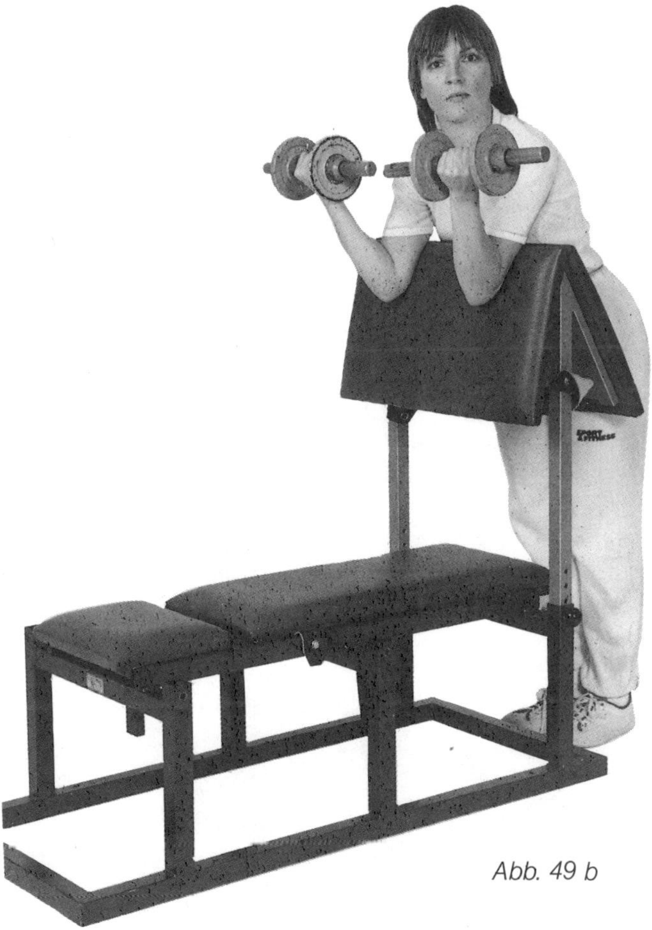

Abb. 49 b

Übung 50

1. Bezeichnung der Übung: Bauchübung
2. Benötigte Geräte: Spezialbauchbrett
3. Trainiert wird: die Bauchmuskulatur
4. Mittrainiert werden: keine weiteren Muskeln
5. Anfangsstellung: –
6. Endstellung: –
7. Beschreibung der Übung:
   Bauchübungen gibt es in allen Variationen. Sie sehen auf Abb. 50 eine Variation mit einem Spezialbauchbrett.

An und für sich ist es gleich, welche Bauchübung Sie ausführen, nur sollten Sie immer darauf achten, daß Ihre Beine gebeugt sind. Machen Sie nie den Fehler, sich mit ausgestreckten Beinen auf ein Bauchbrett zu legen und dann den Oberkörper nach oben zu bringen. Sie stauchen so Ihre Wirbelsäule. Ein sehr gefährliches Training!

Also ab heute die Devise: Bei Bauchübungen die Beine immer angewinkelt haben. Das gilt nur bei Bauchübungen, bei denen der Oberkörper angehoben wird.

Abb. 50

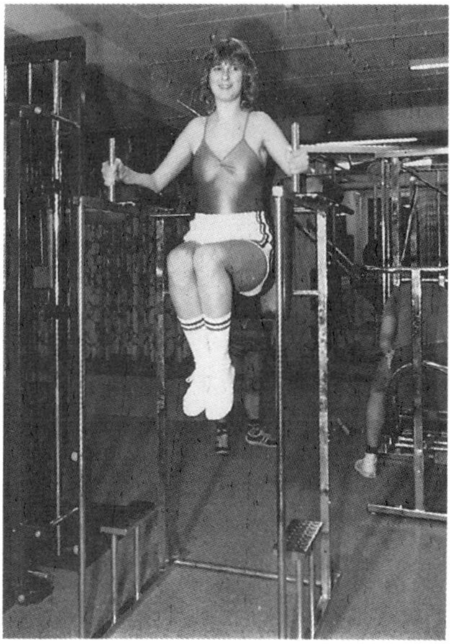

Abb. 51a

Abb. 51b

Übung 51

1. Bezeichnung der Übung: Beinheben
2. Benötigte Geräte: ein Trainingsgestell wie Abb. 51a zeigt
3. Trainiert wird: die Bauchmuskulatur
4. Mittrainiert werden: keine weiteren Muskeln
5. Anfangsstellung: 51a
6. Endstellung: 51b
7. Beschreibung der Übung:
   Daß man mit Geräten viel erreichen und viel variieren kann, haben Sie mittlerweile sicher festgestellt.
   Mit diesem Gestell, in das Sie sich, auf den Unterarmen und Ellbogen ruhend, »einhängen« können, ist es Ihnen möglich, sehr viele Bauchübungen zu machen. So können Sie beispielsweise die Beine ausgestreckt heben oder auch angewinkelt.
   Sie brauchen die Beine nicht unbedingt nach vorne zu heben, Sie können das auch abwechselnd rechts und links seitlich tun.
   Dem Einfallsreichtum ist beim Bauchtraining mit diesem Gerät keine Grenze gesetzt.

Abb. 52

Übung 52

1. Bezeichnung der Übung: Drehübung der Bauchmuskulatur und Taille
2. Benötigte Geräte: Nautilus-Twist-Maschine
3. Trainiert wird: die Bauchmuskulatur
4. Mittrainiert werden: keine weiteren Muskeln
5. Anfangsstellung: –
6. Endstellung: –
7. Beschreibung der Übung:
   Dies ist eine ganz hervorragende Übung für die Taille und auch für die seitliche Bauchmuskulatur, nur müssen Sie darauf achten, daß Sie die Übung sehr korrekt ausführen.
   Setzen Sie sich so in das Gerät, daß Sie sich genau unter dem Drehpunkt befinden und auch nur den Oberkörper in der Taille bewegen, also das Gewicht mit den Armen herumschwingen.
   Sie wollen die Taille trainieren, also bewegen Sie den Widerstand auch wirklich aus der Taille heraus, dann bringt Ihnen die Übung einen unverhofften Erfolg.

Übung 53

1. Bezeichnung der Übung: Schulterdrücken
2. Benötigte Geräte: Drückmaschine
3. Trainiert wird: die Schultermuskulatur
4. Mittrainiert wird: der Trizeps
5. Anfangsstellung: 53a
6. Endstellung: 53b
7. Beschreibung der Übung:
   Eine ähnliche Übung kennen wir schon von der Serie Brusttraining her. Auch an dieser Schultermaschine wird Ihnen die Durchführung leichter fallen, da Sie nicht mit Balanceschwierigkeiten rechnen müssen. Starten Sie wie die Abb. 53a zeigt. Auch hier können Sie die Griffbreiten von Übung zu Übung variieren. Drücken Sie das Gewicht nicht ganz aus, also nicht so weit, bis die Arme ganz gestreckt sind. Verharren Sie 1 Sekunde oben, und lassen Sie das Gewicht langsam wieder herunter. Durch Verstellen des Sitzhockers nach vorne oder nach hinten bringen Sie eine zusätzliche Variante in die Übung.

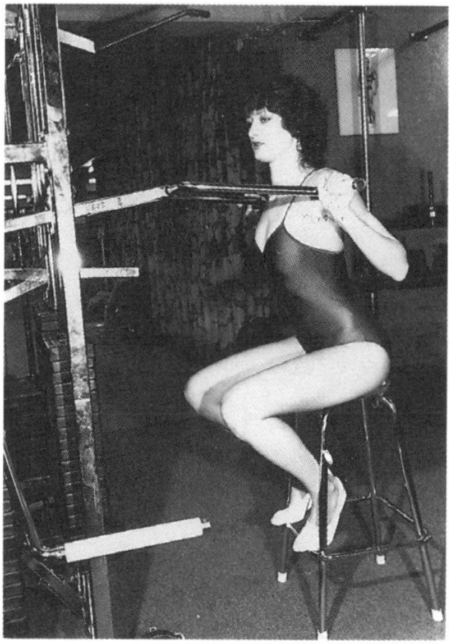

Abb. 53a

Abb. 53b

Übung 54

1. Bezeichnung der Übung: Überzug-Klimmzug-Ruderübung
2. Benötigte Geräte: Pull-Over-Maschine
3. Trainiert wird: die Rückenmuskulatur
4. Mittrainiert wird: die Schultermuskulatur
5. Anfangsstellung: 54a
6. Endstellung: 54b
7. Beschreibung der Übung:
   Setzen Sie sich in die Maschine, und plazieren Sie die Ellbogen hinter die Ellbogenpolster. Gute Maschinen haben eine Vorrichtung, die durch Fußhebelbewegung den Einstieg erleichtert.
   Nun betätigen Sie die Arme, indem Sie die Ellbogen gegen die Polster nach vorne bewegen. Nutzen Sie den gesamten Bewegungsbereich, auch wenn Sie wieder zurückgehen. Gute Dehnungsübung!

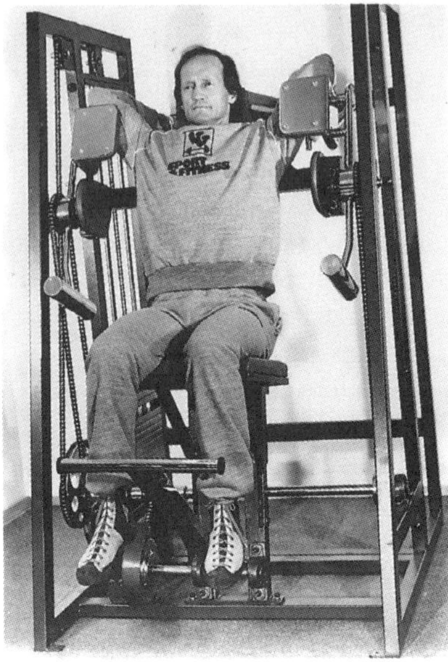

Abb. 54a

Abb. 54b

Übung 55

1. Bezeichnung der Übung: »Klimmzug«-Maschinenübung
2. Benötigte Geräte: Behind-Neck-Maschine
3. Trainiert wird: die Rückenmuskulatur
4. Mittrainiert werden: der Bizeps und der Trizeps
5. Anfangsstellung: 55a
6. Endstellung: 55b
7. Beschreibung der Übung:
   Von der Startstellung (Abb. 55a) bewegen Sie die beiden Polsterrollen mit den Rückseiten der Oberarme nach unten. Dies ist eine Klimmzugbewegung unter Ausschaltung der schwachen Muskelkettenglieder Unterarme und Bizeps.
   Wenn Sie bei der Stellung der Abb. 55b angelangt sind, gehen Sie wieder in die Anfangsstellung zurück.
   Was Sie vermeiden sollten:
   Vermeiden Sie es, die Unterarme nach vorne zu bewegen. Die Hände sollten immer hinten liegen, in einer Linie mit dem Oberkörper. Ansonsten übertragen Sie die Belastung auf die Brustmuskulatur.

Abb. 55a

Abb. 55b

Übung 56

1. Bezeichnung der Übung: Maschinen-Bankdrücken
2. Benötigte Geräte: Multi-Press-Maschine
3. Trainiert wird: die Brustmuskulatur
4. Mittrainiert werden: die Schultermuskulatur und der Trizeps
5. Anfangsstellung: 56a
6. Endstellung: 56b
7. Beschreibung der Übung:
   Legen Sie sich auf eine Übungsbank, die unter der Stange der Maschine plaziert ist. Fassen Sie die Stange mit einer Griffbreite, die Sie aus den Abbildungen ersehen.
   Rasten Sie die Stange durch eine Drehbewegung aus, und beginnen Sie mit der Übung, indem Sie die Stange nach oben drücken.

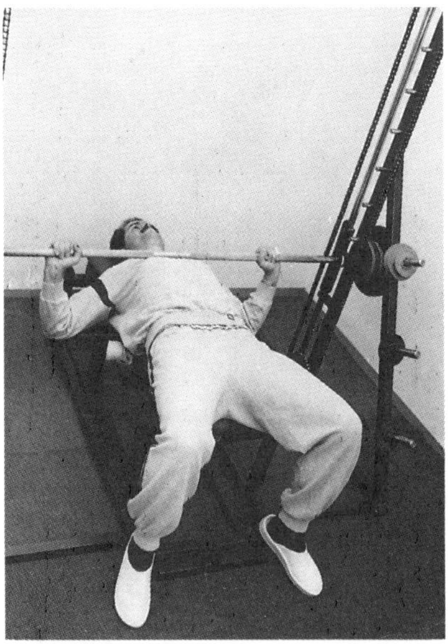

Abb. 56a

Abb. 56b

Lassen Sie wieder ab, und wiederholen Sie.
Plazieren Sie die Bank so unter die Maschine, daß die Stange in der unteren Stellung sich dem Hals nähert.
Halten Sie während der Übung die Ellbogen nach hinten.

Bemerkungen:
Sie können die Übung auch als Alternative oder zur Abwechslung mit einer schräggestellten Rükkenlehne ausführen. Die Belastung erfolgt dann mehr zugunsten des oberen Brustmuskelbereiches (Abb. 56c und d).

Abb. 56c

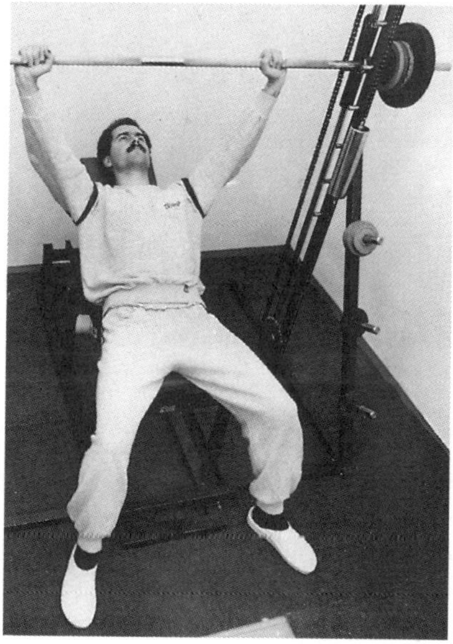

Abb. 56d

Übung 57

1. Bezeichnung der Übung: verdiente Ruhepause an der Studiobar
2. Benötigte Geräte und Personen: eine Bedienung und ein Glas
3. Trainiert wird: der rechte Arm
4. Mittrainiert wird: der Unterarm
5. Anfangsstellung: Arm gestreckt Glas aufnehmend
6. Endstellung: Arm angewinkelt, Glas am Munde
7. Was Sie unbedingt beachten sollten: Trinken Sie keine zu scharfen Sachen.
8. Beschreibung der Übung: Führen Sie die flüssige Nahrung oder das erfrischende Getränk langsam dem Gaumen zu.

Abb. 57

Es gibt eine Vielzahl weiterer Geräte in den Sportstudios, eine Beschreibung all dieser teils sinnvollen, teils aber auch unsinnigen Geräte würde den Rahmen dieses Kapitels sprengen. Im Grunde sind es immer wieder die gleichen Übungen, nur sind die Belastungen auf die entsprechenden Muskeln etwas anders gelagert. Grundübungen wie Kniebeuge, Rudern, Bankdrücken und so weiter sind immer gute Übungen, die sowohl mit Hantel als auch mit Seilzuggeräten oder Maschinen ausgeführt werden können.

Training für Fortgeschrittene

Sie sollen mit diesem Buch nicht irgendwann einmal in einem Stadium des Trainings stehenbleiben, sondern auch die Möglichkeit haben, weiterentwickelte Trainingsmethoden ausnutzen zu können.
Trainieren Sie einige Zeit mit den Grundübungen und variieren Sie, so können Sie schon bald ausgeklügeltere Methoden anwenden, um Erfolge zu erreichen. Dabei gelten drei Grundpunkte, die Sie immer anstreben sollten:

- Langsamer trainieren
- Weniger trainieren
- Intensiver trainieren

Der letzte Punkt ist Ihnen klar, denn wir haben schon oft darüber gesprochen und werden aber noch ausführlicher werden.
Die anderen beiden Punkte machen Sie sicherlich stutzig. Sie sollen *langsamer* trainieren und auch noch *weniger*?
Mit *langsamer* ist lediglich die Bewegung gemeint, im Grunde sollen Sie insgesamt schneller trainieren. Oder anders ausgedrückt:
Schaffen Sie viel in immer weniger Zeit! Das ist das wahre »Geheimnis« des Muskeltrainings!
Wir sprachen darüber, daß Sie die Positivbewegung in rund 3 bis 4 Sekunden ausführen sollten. Das ist richtig, kann aber später noch geändert werden. Machen Sie die Positivbewegung in 8 Sekunden und die Negativbewegung in 3 bis 4 Sekunden! Sie werden sofort feststellen, daß Sie nicht so viel Gewicht benutzen können, ein Zeichen dafür, daß der Muskel stärker belastet wird. Spätestens am nächsten Tag werden Sie zusätzlich feststellen, daß Sie nach längerer Trainingszeit wieder einen Muskelkater haben. Wenn dies kein gutes Zeichen ist. Trainieren Sie die Bewegung selbst langsam, ohne große Pause zwischen den Sätzen und weniger Übungen, dafür intensiver.
Der Autor machte hierzu einen Versuch über vier Wochen, der wie folgt aussah: Er trainierte nur dreimal in der Woche und jedesmal nur einen Satz und nur drei Übungen. Das waren in einer Woche nur neun Übungen bei einem Zeitaufwand von insgesamt rund zwanzig Minuten pro Woche!
Die drei Übungen hierbei waren:

- Kniebeugen mit der Langhantel
- Klimmzüge mit Gewichtsbeschwerung am Gürtel
- Barrenstütze, ebenfalls mit Gewichtsbeschwerung am Gürtel

Bei der Kniebeuge wurde ein Gewicht gewählt, das maximal 20 Wiederholungen zuließ. Diese letzten Wiederholungen wurden jedoch mit allerletzter Kraft, großer Willensanstrengung und Konzentration durchgeführt, was auch für die anderen beiden Übungen galt. Wurde die magische Zahl zwanzig erreicht, wurde am nächsten Trainingstag mehr Gewicht aufgelegt.
Die Klimmzüge wurden mit Gewichtsbeschwerung am Gürtel durchgeführt. Das Ziel waren 8 Wiederholungen. Nach 8 Wiederholungen wurde auf eine kleine Etagere aufgetreten und der Körper in die obere Stellung gebracht. Von dort aus wurde dann der Körper äußerst langsam (acht Sekunden, Stoppuhr!) abgelassen. In der gleichen Art wurde das Barrenpumpen durchgeführt. Auch hier wurde mit Hilfe einer Etagere der Körper nach 8 Wiederholungen angehoben und langsam wieder abgelassen, bis total »der Dampf raus war«. Man nennt diese Methode auch Negativwiederholungen.
Denken Sie einmal die Übungen durch! Sie werden feststellen, daß alle wichtigen Muskeln des Körpers beansprucht werden.

Kniebeuge:	Oberschenkel Waden Unterer Rücken
Klimmzüge:	Oberer Rücken Bizeps Unterarme Bauch
Barrenstütze:	Brust Schultern Trizeps Bauch

In dieser Zeit wurde eine strengere Diät gehalten, die Kalorieneinnahme lag um die 1200 Kalorien pro Tag. An jedem Trainingstag wurde zusätzlich ein Waldlauf auf Tempo in einem Zeitraum von rund 20 Minuten vorher durchgeführt.
Der Erfolg war, daß die Taille um 2 Zentimeter zurückging und das Körpergewicht um zweieinhalb Kilogramm stieg, ein untrügliches Zeichen, daß nur reine Muskelzunahme zu verzeichnen war.
Was war passiert? Es wurde in wenig Zeit hochintensives Training mit langsamen Bewegungen schnell durchgeführt. Die Pausen zwischen den drei Übungen waren maximal 20 Sekunden.

Wenn Sie sich ein Training zusammenstellen, bei dem die Beine (Kniebeugen), der Rücken (Rudern), die Brust (fliegende Bewegung), die Schultern (Kurz- oder Langhanteldrücken) und der untere Rücken (Kreuzheben) trainiert werden, haben Sie bei richtiger Durchführung ein komplettes Training, da andere Körperpartien wie Arme und Bauch mittrainiert werden.
Man könnte annehmen, daß ein sogenannter Superbodybuilder mit Mr. Universum-Ehren auf dem richtigen Weg ist, wenn er stundenlang trainiert. Das ist ein Irrtum. Diese Sportler haben teilweise ein so ausgeprägtes Potential zur Muskelbildung, daß sie auf jedem Wege Muskeln zunehmen. Diese Bodybuilder könnten bei weniger und intensiverem Training ihre Muskeln in kürzerer Zeit und mit weniger Zeitaufwand erreichen. Der psychologische Aspekt spielt eine große Rolle, und intensives Training tut auch etwas mehr weh und ist mühevoller als halbherziges langes Training. Aber alle Hindernisse haben einen Grund. Je größer das Hindernis, um so mehr »muß da was dran sein«. Der Autor sprach mit einem Bodybuilder in Kalifornien, der jeden Tag vier Stunden trainierte. Dieser stellte anschließend auf kurzes und hochintensives Training um.
»Das tut weh, also muß da etwas dran sein«, äußerte sich dieser Sportler. Der Erfolg kam schnell und überzeugend. Auch hier in Europa gibt es einige Sportler, die bewiesen haben und es auch noch tun, daß es mit Intensivtraining in kurzer Zeit und ohne Chemie auch geht.
Nach diesen kleinen Anmerkungen wollen wir einige Aspekte des Fortgeschrittenentrainings näher ansehen.
Fortgeschritten – was heißt das überhaupt? Wer ist wann im Muskeltraining »fortgeschritten«?
Lassen Sie uns ein paar Punkte aufführen, die darauf hindeuten, daß jemand fortgeschritten ist:

- Der Sportler kann die Bewegungen konzentriert und sauber ausführen.
- Am nächsten Tag hat er keinen oder kaum Muskelkater.
- Beim Bankdrücken braucht er nicht mit dem Gleichgewicht zu kämpfen.
- Das Steigern der Gewichte von Trainingstag zu Trainingstag geht nur noch langsam, die Progressionskurve beginnt abzuflachen.
- Irgendwie ist auch ein Punkt erreicht, an dem man sagt, daß nun mal was Neues trainiert werden müsse.

Der letzte Punkt kann gar nicht so einfach beschrieben werden. Es ist fast ein Gefühl. Die innere Stimme sagt, nun könne man doch etwas härter an dieses Training drangehen, ohne dabei Schaden nehmen zu können. Sie nehmen sicherlich keinen Schaden daran, vorausgesetzt, Sie trainieren so, wie es in diesem Buch beschrieben wird. Denn ruckartige, unkontrollierte Bewegungen und »Gewaltübungen« sind die Urheber vieler Verletzungen.

Wenn Sie also diesen Punkt erreicht haben, der gar nicht so sehr von Ihrer bisherigen Trainingszeit abhängt, sollten Sie auch wie ein Fortgeschrittener trainieren. Manche erreichen diesen Punkt schon nach drei bis vier Monaten, andere brauchen ein ganzes Jahr, um so weit zu kommen.
Wie das im einzelnen aussieht, das wollen wir uns einmal ansehen.

Intensität – Geheimnis des Erfolgs

Also, intensiv trainieren, das soll dann zukünftig unsere Aufgabe sein. Wie machen wir das?
Erstens, indem wir wirklich die letzten Wiederholungen herausholen, bis nichts mehr geht. Zweitens, indem wir die Intensität erhöhen. Nach der Phase des »nichts geht mehr« hilft Ihr Trainingspartner beim Anheben leicht nach, um noch ein, zwei oder drei zusätzliche Wiederholungen herauszuholen. Geht dann auch nichts mehr, hebt Ihr Trainingspartner das Gewicht alleine nach oben, und Sie lassen nur noch langsam ab.
Ein solcher Satz wirkt Wunder. Sie werden es spätestens am nächsten Tage merken, wobei dieser eine Satz pro Muskelgruppe auch genügt. Wenn Sie jetzt noch mehr Sätze anhängen, sind diese nachfolgenden Sätze nicht mehr intensiv genug.
Aber schon muß der Autor wieder mit dem Zeigefinger zur Vorsicht mahnen. Übertreiben Sie nicht mit dem Intensivtraining, führen Sie dieses neben dem Normaltraining nur einmal die Woche durch!
Sehr schnell kämen Sie in den Zustand des Übertrainiertseins und würden sich eher Nachteile einhandeln.

Das sogenannte Vorermüdungsprinzip

Eine weitere Steigerung gefällig? Wir bedienen uns des *Vorermüdungsprinzipes*. Wenn Sie beispielsweise die Schultern trainieren und die Langhantelstange drükken, so sind Ihre Schultern zwar belastet, aber die Sache hat noch einen Haken. Bei dieser Übung gibt es ein schwaches Glied in der Kette. Der Trizeps leistet bei dieser Übung viel unterstützende Arbeit. Da der Trizepsmuskel aber kleiner und schwächer ist als der Schultermuskel, ermüdet dieser schneller und Sie müssen die Übung abbrechen, bevor die Schultermuskulatur ganz austrainiert worden ist. Mit dem Vorermüdungsprinzip kann man dies umgehen. Sie machen zuerst das Seitheben mit Kurzhanteln, wobei der Trizeps ja nicht beansprucht wird. Sofort nach dieser Übung – ohne Pause – gehen Sie zur Drückübung über, indem Sie

die präparierte, vor sich liegende Langhantel fassen und anfangen. Nun ist der Trizeps »noch frisch«, und die Schultermuskulatur wird noch einmal intensiv angegriffen.
Versuchen Sie es einmal vorsichtig, und Sie erkennen sofort, was man unter Vorermüdungsprinzip versteht.
Sie können sich jetzt schon denken, was passiert, wenn Sie beide Übungen auch noch intensiv trainieren, eventuell sogar mit angeschlossenen Negativwiederholungen.
Hier einige Übungen, die Sie koppeln können, um Vorermüdung zu erreichen.

Beine:	Erst Beinstrecken, dann Kniebeugen
Rücken:	Erst Seilzugstange mit ausgestreckten Armen nach unten drücken, dann Zug hinter oder vor den Kopf
Brust:	Erst Butterflymaschine oder »Fliegende«, dann Bankdrücken
Schultern:	Erst Seitheben, dann Kurzhanteldrücken oder Drücken hinter dem Kopf mit Langhantel
Bizeps:	Erst Kurzhantelcurls, dann Klimmzüge mit Griff Handflächen zum Körper hin (hier und beim Trizepstraining wird der Bizeps selbst erst intensiv trainiert, und zwar alleine, und dann mit Hilfe der Rückenmuskeln noch einmal attackiert).
Trizeps:	Erst isolierte Trizepsübung (Trizepsstrecken), dann Barrenstütze oder Bankdrücken mit engem Griff

Negativtraining

Bei ausschließlichem Negativtraining kann man mehr Gewichtsbelastung verwenden als beim normalen Negativ-Positivtraining. Man hat empirisch herausgefunden, daß durch Negativtraining der Reiz auf die Muskulatur höher ist, was ein beschleunigtes Wachstum zur Folge hat.
Negativtraining ist schon kurz beschrieben worden. Für viele Übungen benötigt man einen Trainingspartner. Aber mit einem Trainingspartner zu trainieren, ist ja nicht das Schlechteste, man kann sich gegenseitig anfeuern und zu höheren Leistungen antreiben. Sicherlich sind Sie jetzt so weit, daß Sie sich einen Katalog der Übungsmöglichkeiten zusammenstellen können, der die gesamte Bandbreite der Trainingsmöglichkeiten beinhaltet.

Toter Punkt im Training – was nun?

Der sogenannte tote Punkt im Training, also kein Registrieren von Fortschritten und/oder Unlust hat meistens zwei Ursachen:

- Man hat zu lange trainiert
- Man hat zu lange intensiv trainiert

Die Folge davon ist, daß man einfach übertrainiert ist. Hierzu gibt es nur eine Abhilfe, die jedoch Wunder wirkt:
Legen Sie eine fünf- bis achttägige Pause ein und lassen Sie dem Körper Zeit, sich zu erholen. In dieser Zeit ernähren Sie sich vernünftig und machen Gymnastik und Streckübungen. Sie können auch ein paar Waldläufe einlegen oder schwimmen.
Anschließend werden Sie sich wundern, mit welcher Kraft und mit welchem Elan Sie wieder an Ihr Training gehen!

Trainingsplanung für spezielle Sportarten

Krafttraining hilft Ihnen, sich in der von Ihnen bevorzugten Disziplin zu verbessern. Aber auch dazu benötigen Sie eine Planung.
Zuerst einmal sollten Sie den gesamten Körper »muskeln«, das heißt ein Grundprogramm absolvieren.
Machen Sie nur Grundübungen, wie Kniebeugen, Klimmzüge oder Rudern in Vorbeuge, Bankdrücken, Nackendrücken, Bizepsbeugen und Trizepsstrecken.
Nach einer Eingewöhnungszeit von 4 Wochen können Sie weitere Übungen, wie Bauchtraining, Unterarmtraining usw. einbeziehen.
Danach können Sie weitere Übungen in Angriff nehmen, wie sie im Kapitel »Trainingsplanung« beschrieben sind.
Nach wiederum 3–4 Monaten sollten Sie langsam einige Übungen intensivieren und auf diese Weise zum Intensivtraining überwechseln. Dies zunächst alles für Sie als Anfänger.
Sind Sie hingegen fortgeschritten, so können sie irgendwo »unterwegs einsteigen«. Der genaue Punkt bleibt Ihnen überlassen; der Autor kennt Sie und Ihren Trainingsstand nicht, kann dies folgerichtig nicht beurteilen.
Aber nun seien Parallelen zu Ihrem Sport aufgezeigt!
Jeder Sport hat saisonale Unterbrechungen. So kennen wir Winter- und Sommersport. In der »off season« sollten Sie versuchen, Ihre Kraft immer mehr zu steigern, während der Saison hingegen, die Kraft zu »halten«.
Die Steigerung haben wir besprochen: dreimaliges Training in der Woche.
Das »Krafthalten« während der Saison geschieht durch ein Training, das einmal in der Woche absolviert wird, wobei die zuletzt erreichten Leistungen beibehalten werden, und zwar während der gesamten Sportsaison. Versuchen Sie nicht, während der Saison weiter mehrfach in der Woche zu trainieren. Sie kommen, da Sie ja sportspezifisch trainieren und Wettbewerbe bestreiten, in ein Stadium des Übertrainings.
Ist die Saison vorbei, so beginnen Sie wieder das übliche Krafttraining. Versuchen Sie, wiederum eine Leistungssteigerung zu erreichen.

Und nun zum Sport

Wir rekapitulieren noch einmal:
Um eine Sportart gut und erfolgreich ausüben zu können, brauchen wir

- Kraft
- Ausdauer
- Gelenkigkeit
- »Fertigkeit« (Technik).

Wir wollen uns nun mit verschiedenen Sportarten befassen und den Blick auf die »Kraft« lenken, auf das eigentliche Thema dieses Buches. Denken Sie jedoch daran, die Ausdauer auch durch Joggen, Aerobic oder Radfahren zu trainieren, die Gelenkigkeit nicht zu vernachlässigen, und – natürlich – die Technik zu erlernen und auszufeilen.
Die »Grundkraft« trainieren Sie mit den Grundübungen. Haben Sie die Kraft aufgebaut und sind schon durch Hinzunahme weiterer Übungen und Intensivierungsmaßnahmen fortgeschritten, so werden Sie beim Sporttraining, durch das Sie ja die Fertigkeit und Technik erlernen, bald durch nachhaltigen Muskelkater feststellen, wo Ihre schwachen Stellen liegen. Diese sollten Sie dann durch spezielles Training stärken.
Die Besprechung dieser »Schwachpunkte« und der Möglichkeiten speziellen Trainings soll im folgenden Abschnitt erfolgen.
Wir werden folgende Sportarten untersuchen und hoffen, daß auch »Ihre« Lieblingssportart dabei ist.
Bergsteigen und Bergwandern
Fußball
Handball
Judo und Karate
Gehen und Joggen
Leichtathletik
Radsport
Schwimmen
Skilauf (alpiner Skilauf und Langlauf)
Tennis und Squash

Wir werden untersuchen, welche Anforderungen die einzelnen Sportarten mit sich bringen, werden sehen, wie es sich mit der Ausdauer, der Gelenkigkeit und natürlich der Körperkraft dabei verhält, welche Muskeln bzw. Muskelgruppen vorwiegend beansprucht werden und welche Muskeltrainingsübungen für die jeweilige Disziplin durchgeführt werden sollten.

Bergsteigen und Bergwandern

Dies ist eine jener Sportarten, die den höchsten Erlebnisgehalt haben. Man hält sich in der freien Natur auf, beeindruckt von schönen Landschaftsbildern. Verbunden ist das Bergsteigen (und Berwandern) mit Reisen, was an sich schon viel Abwechslung bietet. Sonne, Regen, Nebel, jahreszeitlicher Wandel – was will der stadtmüde, erlebnishungrige Sportler, der von Natur umgeben sein will, noch mehr?
Beim Bergsteigen unterscheidet man verschiedene Disziplinen. Da gibt es zunächst das »Berggehen«, eine ausgeprägte Form des Wanderns, dann das Felsklettern – bis hin zum extremen Sportklettern –, das Eisklettern mit all seinen Varianten und schließlich das Kombinationsklettern, das Besteigen von Bergen, das Anforderungen aller drei Disziplinen beinhaltet.

Das *Berggehen* kann schon bis zum Äußersten führen. So gerät für den ganz Ungeübten oder für den Gelegenheitsbergsteiger eine Wanderung im Hochgebirge mit schwerem Rucksack zu einer Tortur. Die extremste Form des Berggehens ist im Himalaja zu finden; denken Sie nur an die Besteigungen des Mount Everest ohne Sauerstoff.
Diese Sportart verlangt viel Beinkraft, viel Ausdauer, jedoch kaum Gelenkigkeit. Sportler, die sich für Bergwandern und Berggehen – auch in extremer Form – entschieden haben, sollten die Waden und Beine trainieren, und zwar mit Kniebeugen, mit der Beinpresse und der Wadenmaschine. Die Oberkörpermuskulatur ist zugunsten der Sauerstoffversorgung zu vernachlässigen – viele Muskeln in diesem Bereich benötigen viel Sauerstoff, der dringend für die Beinarbeit gebraucht wird.

Das *Felsklettern* kann man fast schon als »Bodybuilding am Stein« bezeichnen. In extremer Form – ab Schwierigkeitsgrad 5 (»sehr schwierig«) – wird viel Fingerkraft, Armkraft und Rückenkraft verlangt. Die Beanspruchung der Bein- und Wadenmuskulatur ist sehr hoch, mit ins Spiel kommen die Bauch- und auch die Brustmuskeln.
Für den Felskletterer ist ein komplettes Grundprogramm zu empfehlen, das dann zu einem Intensitätsprogramm ausgeweitet werden sollte. Wichtig ist das Training der Fingerkraft. So sollen Klimmzüge gemacht werden, bei denen nur mit den Fingerspitzen gehalten wird (Abb. 58). Auch einfaches Hängen nur an den Fingerspitzen – etwa an Türrahmen – ist zu empfehlen.
Gerade der Bergsteiger – will er seine Leistungen von Jahr zu Jahr steigern – sollte versuchen, die Kraft in den Wintermonaten durch Muskeltraining zu steigern und in den Sommermonaten durch Training einmal in der Woche zu halten.

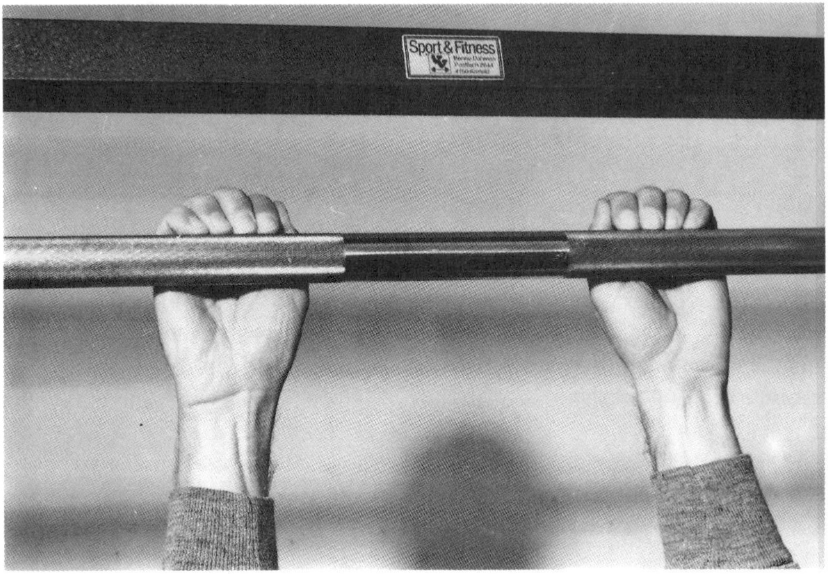

Abb. 58

Beim *Eisklettern* »geht« der Kletterer nur mit den Frontzacken der Steigeisen an Eiswänden steilster Form, ja sogar an gefrorenen Wasserfällen hinauf. Unterstützt wird er dabei lediglich durch 2 Eispickel, die er über sich abwechselnd in das Eis einschlägt. Der Eiskletterer braucht viel Bein- und Wadenkraft und zum Hochhangeln an den Eispickeln nicht zuletzt Arm- und Rückenkraft.
Sowohl das Fels- als auch das Eisklettern bedingen hohe Gelenkigkeit und Ausdauer. Macht der Bergsteiger kombinierte Touren – typisch dafür ist die Eigernordwand –, benötigt er beides in besonders hohem Maß.
Abb. 58 zeigt, wie die Fingerkraft trainiert wird.
Sie können auf diese Weise Klimmzüge ausführen oder nur einfach »hängen«, bis die Fingerkraft versagt.
Bestes Training für Felskletterer!

Fußball

Fußballspielen ist Beinarbeit – so denkt man wenigstens im ersten Moment. Weit gefehlt!
Auch der Oberkörper wird eingesetzt – und wäre dies nicht der Fall, müßte der Fußballspieler den Oberkörper dennoch trainieren. Muskeln bilden einen guten

Schutzpanzer bei Zusammenstößen; gestärkte Sehnen und Bänder vermindern die Verletzungsgefahr.
Dies gilt besonders für die Spieler der oberen Ligen, denn der Ausfall eines Spitzenspielers kostet verlorene Punkte – und Geld!
Der Autor muß noch einmal den Aufruf wiederholen, daß zumindest die Profiabteilungen der Fußballvereine besser dran wären, würden sie unter fachmännischer Anleitung ein systematisches Muskeltraining durchführen.
Der Fußballspieler muß schnell antreten und laufen können, gute Beinarbeit beim Dribbeln und Schießen leisten sowie Ausdauer und Gelenkigkeit besitzen. Er braucht letztere in besonders hohem Maße in der Taille und im Beinbereich. Mit »muskelbepackter« Brust kann er Bälle besser abfangen und »vertragen«, durch gestärkte Halsmuskulatur Kopfbälle genauer plazieren.
Die Arbeit an der Beinstreck- und an der Beinpreßmaschine bringt gute Resultate; vor allen Dingen sollte auch der Schenkelanzieher gut trainiert werden. Des weiteren sind die Wadenmuskeln wichtig. Eine gutentwickelte Bauchmuskulatur verleiht dem Schuß mehr Kraft und läßt scharf geschossene Bälle von dieser Körperpartie besser abprallen. Nicht zu verkennen sind die enormen Vorteile des Rehabilitationstrainings bei den doch so oft verletzten Fußballspielern. Die Regeneration ist bedeutend schneller herbeigeführt, der Spieler ist eher wieder im Einsatz, da seine Muskeln durch das gezielte Training nicht an Kraft verlieren.
Auch für den Fußballspieler gilt, die Kraft in der Nichtspielphase zu erhöhen, um sie dann durch ein durchdachtes Muskeltraining die Saison über zu halten. Dieses »Haltetraining« sollte nur einmal in der Woche stattfinden, damit der Spieler nicht in ein Stadium des Übertrainiertseins kommt.
Außer dem Muskeltraining muß der Fußballspieler Dehnungsübungen machen und die Ausdauer trainieren. Natürlich benötigt der Spieler viele spezifische Techniken. Sie zu vermitteln ist Aufgabe des Fußballtrainers. Das Krafttraining selbst sollte jedoch in Händen eines erfahrenen Krafttrainers liegen, der ebentuell auch das Konditions- und Gelenkigkeitstraining übernehmen kann.

Handball

Dem Handballer ergeht es nicht viel besser als dem Fußballspieler, was das Zusammenprallen mit anderen Spielern betrifft. Diese Sportdisziplin hat besonders in den hohen Leistungsklassen enorm an Popularität gewonnen.
Der Handballer braucht zwar nicht den Ball zu treten, muß jedoch trotzdem enorme Beinarbeit leisten. Besonders die Sprungkraft muß gut entwickelt sein. Durch seine Wurftätigkeit wird der Handballer gerade auch im Oberkörperbereich beansprucht: Zum Werfen braucht man Kraft, und wie kann man diese besser trainieren als mit dem Muskeltraining?

Der Hallenhandballer muß sich auch gut fallen lassen können, muß hart im Nehmen sein, um den Aufprall des Körpers auf dem Boden zu »verdauen«. Der muskeltrainierte Oberkörper bildet einen hervorragenden Panzer, um ein Touchieren mit dem Boden oder dem Gegenspieler abzufangen. Die Verletzungsgefahr wird dadurch ebenfalls gemindert.
Als Handballer sollten Sie mit dem Grundprogramm anfangen, wenn Sie noch kein Krafttraining betreiben. Später sollte intensiviert und darauf geachtet werden, daß sich die Kraftleistungen kontinuierlich steigern.
Jegliches Beintraining ist von Nutzen; zur Steigerung der Wurfkraft eignet sich das Brust- und Rückentraining. Besonders das Training mit der »Butterfly«-Maschine oder das Seitheben liegend mit Kurzhanteln unterstützen die Wurfkraft. Gut eignet sich auch das Training an der »Pull-Over«-Maschine.
Auch der Handballer benötigt Ausdauer, die durch Laufen oder Radfahren gefördert werden sollte. Aerobic ist für den Handballer gleichermaßen förderlich, beinhaltet es doch viele Gelenkigkeits- und Dehnungsübungen. In den USA ist man schon längst dazu übergegangen, für viele Sportarten (wie Football und Rugby) Aerobic-Training zur Steigerung der Spielfähigkeit zu nutzen.
Hierzulande stehen dem Aerobic wohl noch zu viele Vorurteile und vor allem die Auffassung entgegen, daß es dem (angeblich) so schwachen Geschlecht vorbehalten sei.

Judo und Karate

Diese Kampfsportarten verlangen von dem Aktiven sehr viel:

- Kraft,
- Ausdauer,
- Gelenkigkeit,
- gutes Reaktionsvermögen,
- Treffsicherheit,
- ausgefeilte Technik,
- Selbstvertrauen,
- Mut,
- Härte,
- Schmerzunempfindlichkeit.

Leider besteht immer noch das Vorurteil, Krafttraining sei für diese schnellen Sportarten überhaupt nicht geeignet. Es wird behauptet, Krafttraining mache langsam und unbeweglich.
Nun gibt es Kampfsportler, die trotzdem Krafttraining betreiben, jedoch der Ansicht sind, daß man, um »schnelle Muskeln« zu bekommen, schnelle Bewe-

gungen beim Krafttraining machen müsse. »Schnelle Muskeln« gibt es nicht! Es gibt schwache und starke Muskeln. Der Befehl »schnell« ist in den Muskel nicht »eingebaut«, sondern er bekommt ihn von der Kommandozentrale Gehirn.
Ist ein Muskel schwach, so kann er niemals so schnell sein, als wenn er stark ist. Und je stärker ein Muskel ist, um so »schneller« vermag er zu reagieren.
Für diese Kampfsportarten gelten also die Richtlinien dieses Buchs ebenso wie für alle anderen Sportarten. Der Kampfsportler – sei es der Karate- oder Judosportler oder der Mann (und natürlich auch die Frau), der bzw. die eine der vielen Nebenarten des Kampfsports betreibt – ist mit Krafttraining bestens beraten, sollte unbedingt Krafttraining betreiben.
Der große Vorteil liegt auch hier in der geminderten Verletzungsgefahr durch Stärkung der Sehnen und Bänder, durch Antrainieren eines »Schutzpanzers« und durch die Fähigkeit, aufgrund trainierter Kraft den Gegner wirkungsvoller zu werfen oder zu treffen.
Für alle Kampfsportarten sollte der gesamte Körper trainiert werden. Für den Karatemann speziell sei eine Übung empfohlen, die die Muskelkette besonders für den Geradeausschlag stärkt. Der Trainierende legt sich auf eine Flachbank und hält sich 2 Kurzhanteln über den Kopf. Diese läßt er nun herunter, wobei er genau darauf achtet, daß die Ellbogen während des gesamten Übungsablaufs eng am Körper anliegen. Jetzt läßt er die Kurzhanteln so weit wie möglich herunter, pausiert 1 Sekunde, um einen Dehnungseffekt zu erreichen, und drückt dann die beiden Hanteln langsam wieder nach oben. Diese Bewegung kommt dem Schlag nach vorne gleich.
Würden Sie die Übung stehend machen, wäre der Sinn verfehlt, da ja die beiden Hanteln die Arme aufgrund der Schwerkraft nach unten ziehen. Die Muskelkette wäre gestört, die Koordination käme durcheinander; der Erfolg beim Wettkampf selbst wäre enorm gemindert, da die Arme »auf Gewicht nach unten« eingestellt sind.
Auch der Kampfsportler sollte viele Dehnungsübungen zusätzlich machen und das Ausdauertraining nicht vernachlässigen. Hier spielt ein gutdurchdachtes Aerobic-Training ebenfalls eine bedeutende Rolle.

Gehen und Joggen

Zuerst könnte man meinen, daß man für solche sportliche Betätigung kein Krafttraining benötige.
Sie trainieren ja – durch Gehen und Joggen! Oder etwa nicht?
Ein Krafttraining bei Ausübung dieser Sport- oder Fitness-Sparte zu vernachlässigen wäre indes falsch. Der Fitness-Sportler, der jeden 2. Tag seinen Trimmpfad entlangjoggt, tut fast überhaupt nichts für seinen Oberkörper. Das bißchen Arm-

schwingen, die gelegentlichen Klimmzüge auf dem Trimmpfad sind zwar immer noch besser als gar nichts zu tun; ihr mangelnder Effekt ist aber wirklich nur zu belächeln.

Gehen (es gibt davon noch Abwandlungen wie das Powerwalking mit Gewichtsbelastung) und Joggen sind hervorragende Ausdauersportarten, zu denen man jedem Sportler oder Fitnessbewußten nur raten kann. Der Autor vertritt die Meinung, daß das kraftvolle Gehen mit Gewichtsbelastungen an den Fußgelenken, an der Hüfte und durch 2 kleine Hanteln in den Händen dem Jogging vorzuziehen ist, da die Gelenke mehr geschont werden und der Körper stärker von der »Kraftseite« her angegriffen wird. Sie würden sicher nicht lächeln, wenn Sie es vorher ausprobiert hätten... Mit je 2½ Kilogramm an Händen und Füßen und einem 5-kg-Gurt forsch »gewalkt« bringt ungeheure Kondition und Kraft!

Zur Bewegung braucht man Kraft; will man sich schnell bewegen, braucht man viel Kraft – Sie wissen das ja schon... Folglich sollte der Jogger und Geher auch für die Beine Krafttraining betreiben.

Kniebeugen und Wadenheben mit einer Langhantel eignen sich bestens dazu. Aber auch Oberkörpertraining sollte der Jogger und Geher durchführen, und will er nicht viel Geld ins Krafttraining investieren, sei er an die 3 Grundtrainingsmöglichkeiten Kniebeuge, Klimmzug und Barrenstützen erinnert.

Warum nicht Powerwalken und mit dem Gewicht, das man am Körper hat, auf dem Trimmpfad Klimmzüge und Barrenpumpen machen – vorausgesetzt, diese Einrichtungen sind dort vorhanden?

Und die Kniebeugen können schließlich am Schluß der Runde ebenfalls gemacht werden; man braucht dazu nur eine Langhantel im Kofferraum mitzunehmen.

Sie sehen, wo ein Wille ist, ist auch ein Weg. Die anderen Läufer werden es Ihnen bald gleichtun wollen und das mitleidige Lächeln aufgeben!

Leichtathletik

Daß Leichtathletik keine »leichte« Sportart ist, dürfte sofort klar werden, wenn man an die Hammerwerfer, Kugelstoßer und Diskuswerfer denkt.

Diese Gilde, die die kraftvollen Disziplinen der Leichtathletik ausübt, begann vor nicht allzu vielen Jahren mit dem Krafttraining, um ihre Leistungen zu steigern. Die Wurf- und Stoßweiten in diesen Disziplinen wären heute ohne solches Training undenkbar.

Allmählich gingen auch Läufer und Springer zum Krafttraining über.

Während die Zusammenstellung eines Krafttrainingsplans für den Kugelstoßer kaum Probleme aufwirft, wird es beim Hochspringer schon etwas komplizierter, muß er es doch vermeiden, viel Muskelmasse des Oberkörpers über die Latte heben zu müssen.

Der Kugelstoßer sowie der Hammer- und Diskuswerfer wird den gesamten Körper trainieren; er benötigt ja auch alle Muskeln zur Ausübung seines Stoßes bzw. Wurfes. Der Hochspringer wird anders verfahren müssen, wobei schon wieder Unterschiede zwischen dem »einfachen« Hochspringer und dem Stabhochspringer zu machen sind. Der erstere braucht lediglich die Beinkraft zum kräftigen Absprung, der Stabhochspringer benötigt zusätzlich Bizeps und Trizeps sowie die Rücken- und Brustmuskulatur. Auch die Schultermuskeln werden mitbeansprucht. So sollte man für den Stabhochsprung das gesamte Grundprogramm durchgehen und auch die nachfolgende Intensivierung nicht vernachlässigen.
Der »normale« Hochspringer und der Weitspringer müssen »oben« leicht sein, bedeutet doch jedes Gramm mitzutransportierendes Gewicht zusätzliche Belastung und weiteren Kraftaufwand. Er sollte lediglich die Beine dem Krafttraining unterziehen.
So wird es auch bei dem Langsteckenläufer sein, beim Hürden- und Hindernisläufer.
Der Speerwerfer jedoch muß wieder anders verfahren und dementsprechend sein Oberkörpertraining dem des Kugelstoßers angleichen. Auch bei den Leichtathletikdisziplinen bietet das Krafttraining wiederum den Vorteil, Verletzungen zu vermeiden. Und diese kommen in dieser Sparte oft vor, da zumeist ruckartige Bewegungen ausgeführt werden.
»Vorbeugen ist besser als heilen« – auch unter diesem Gesichtspunkt sollte das Muskeltraining einmal betrachtet werden!

Radsport

Bei allen bisher angesprochenen und jetzt noch zu behandelnden Sportarten muß man zwischen dem reinen Hobbysportler und dem Leistungs- oder gar Hochleistungssportler unterscheiden.
Der Grund dafür wird Ihnen gewiß gleich einleuchten.
Der Fitnessradler will keine Rekorde fahren oder ein Spitzenfeld bei der Tour de France anführen. Er will seinen Kreislauf trainieren, ein bißchen durch die Landschaft radeln, vielleicht mit der Familie. Bei ihm kommt es nicht auf hohe Leistungen an, und so spielt beispielsweise der Sauerstoffverbrauch keineswegs eine so große Rolle wie beim Radprofi.
Viel Muskelsubstanz verbraucht viel Sauerstoff, und so wird der Ausdauer-Leistungssportler – auch der Radrennfahrer – darauf bedacht sein, seine Muskelmasse insgesamt möglichst gering zu halten. Dies kann natürlich nicht für die Beinmuskulatur gelten. An diese Muskeln werden beim Radprofi hohe Anforderungen gestellt, muß er doch mit den Beinen eine hohe Ausdauerleistung *und* Kraftleistung (bei Bergfahrten) vollbringen.

Der Radrennfahrer ist gut beraten, wenn er außerhalb der Saison die Beinkraft durch Kniebeugen und Beinpreßmaschine und die Wadenkraft mit der Wadenmaschine trainiert. Auch er sollte darauf bedacht sein, durch das Krafttraining Leistungssteigerungen zu erzielen.
Der »Sonntagsradler« hingegen sollte ein Krafttraining für den gesamten Oberkörper ausführen. An ihn werden nicht solch hohe Anforderungen hinsichtlich der Ausdauer gestellt, er sieht das Radfahren mehr unter dem Aspekt »etwas für die Fitness und die Figur tun«.
Ein gutes Krafttraining kommt seinen Auffassungen sehr gelegen, haben wir doch gesehen, daß das Muskeltraining die beste Art ist, die Figur zu formen, und daß es in Kombination mit einem Herz-Kreislauf-Training – also Radfahren – Fitness par excellence zum Ergebnis hat.

Schwimmen

Der Schwimmer braucht zur Fortbewegung im Wasser grundsätzlich viel Kraft. Es sollte hier jedoch unterschieden werden zwischen Kurzstrecken- und Langstreckenschwimmern.
Als grundlegende Tatsache beim Schwimmen gilt, daß ausschließlich Positivbewegungen ausgeführt werden, eine Tatsache, die viele Trainer und Schwimmer dazu veranlaßt, nur Positivtraining mit Kraftmaschinen zu betreiben. Dies ist falsch. Zwar soll in erster Linie die Positivkraft gestärkt werden, aber dies geht wiederum am besten über das Training der Positiv- *und* Negativkraft. Durch beide Komponenten wird der Muskel gestärkt und aufgebaut!
So soll der Schwimmer also nicht die Negativbewegungen in der Kraftmaschine oder beim Hanteltraining durch schnelles Zurücklassen »übergehen«, sondern sich – wie alle anderen Kraftsportler auch – an die in diesem Buch gegebenen Richtlinien halten.
Dies gilt auch für den Freizeitschwimmer. Hier sind Parallelen zum Radsportler oder Langstreckenläufer zu ziehen. Jener, der nur ab und zu schwimmt, braucht keine Superleistungen zu vollbringen, kann also im Schwimmen das ideale Herz-Kreislauf-Training finden. Dieses wiederum stellt die perfekte Ergänzung zum Krafttraining dar.

Skilaufen

Hier müssen wir zwei Grundarten unterscheiden: den Abfahrtslauf als die hauptsächliche Disziplin des alpinen Skisports und den Skilanglauf.
Beim *Abfahrtslauf* werden hohe Anforderungen an Konzentration, Fertigkeit (Technik) und Beinkraft gestellt. Außerdem muß der Abfahrtsläufer große Gelen-

kigkeit in den Hüften besitzen, besonders bei anstrengenden Abfahrtswettbewerben. Ähnliches gilt für den Slalom. Die Belastung der Beine ist enorm, »sitzt« doch der Läufer für einige Minuten in der Hocke. Dabei muß er Schläge der unebenen Piste abfangen und sich bei Kurvenfahrten gegen die Fliehkraft stemmen.
Der professionelle alpine Skisportler wie auch der Wochenendskiläufer sollten ihr Hauptaugenmerk auf die Beinmuskulatur richten. Kniebeugen sind die besten Übungen, falls nur Hanteln zur Verfügung stehen. Natürlich leistet die Beinpresse nicht minder gute Hilfe. Die Leistungen sollten außerhalb der Saison immer weiter gesteigert werden. Schriftliches Registrieren ist wie immer von Nutzen.
Falsch wäre es für den Abfahrtsläufer, mit einer Hantel belastet lange in der Hocke zu verweilen; sein Koordinationssystem würde durcheinandergeraten. Erinnern Sie sich an das Beispiel des Kugelstoßers. Nicht zu vernachlässigen ist beim alpinen Profi auch das Training der Ausdauer; an sie werden ebenfalls hohe Anforderungen gestellt.
Der Wochenendskiläufer indes sollte den gesamten Oberkörper mittrainieren und zuerst die Grundübungen ausführen. Er wird dann am Skifahren mehr Freude haben, die Unfallgefahr gemindert haben und nicht mehr so von der Umgebung abgelenkt sein wie früher, als er sich krampfhaft auf seine Kraft und Ausdauer konzentrieren mußte.
Andere Anforderungen stellt der *Skilanglauf.* Zwar wird natürlich auch hier Beinarbeit geleistet; unterstützend sind jedoch die Armbewegungen, die die Skistöcke zur Fortbewegung in den Schnee stoßen. Es ist indes nicht nur die Armkraft gefordert – vornehmlich der Trizeps, der stark beansprucht wird –, sondern auch der große Rückenmuskel im Zusammenwirken mit dem hinteren Schultermuskel. Leicht wird durch das Heben der Skistöcke der vordere Schultermuskel mitbeansprucht, ebenso die Unterarme durch das Festhalten der Stöcke. Enorme Anforderungen werden auch an die Bauchmuskulatur gestellt, und zwar dann, wenn der Skilangläufer sich mit beiden Stöcken nach vorne bewegt.
Sie sehen also: Der Skilangläufer sollte ein umfangreiches Programm für sein Krafttraining aufstellen. In der nächsten Saison wird es ihm sicherlich viele Vorteile bringen, wenn er sein Muskeltraining mit dem Ausdauertraining kombiniert.

Tennis und Squash

Die beiden so beliebten Sportarten stellen hohe Anforderungen an die Antritts- und Schlagkraft. Die Griffkraft – also die Kraft der Unterarme – ist ebenfalls von hoher Bedeutung.
Weitere Bedeutung kommt der Gelenkigkeit und der Ausdauer zu. Ausschlaggebend sind natürlich in erster Linie auch Reaktion und Konzentration sowie die Technik.

Sowohl der Tennis- als auch der Squashspieler sollte die Beine – also den vierköpfigen Schenkelmuskel –, die Waden, die Bauchmuskulatur, den großen Brustmuskel und die Schultern trainieren. Beim Rückhandspiel tritt noch der große Rückenmuskel in Aktion. Nicht zu vergessen ist das Training der Unterarmmuskeln, was auch durch spezielle Übungen (siehe Abbildungen) geschehen kann. Besonders die »Drehmuskeln« in der Taille – also die seitlichen Bauchmuskeln – werden stark beansprucht, wenn aus der Drehung heraus geschlagen wird. Eine gute Übung ist es, sich auf eine Übungsbank zu setzen, eine Eisenstange hinter dem Nacken auf die Schulter zu legen und sie mit den Händen festzuhalten, um dann Drehbewegungen aus der Taille heraus zu vollführen.
Der Tennis- und Squashspieler muß neben seinem Muskeltraining auch Ausdauer- und Dehnungstraining betreiben. Aerobic kommt diesen Anforderungen in hohem Maße entgegen, natürlich ebenso das Joggen und Radfahren.
Das Erlernen der Technik selbst gehört wiederum in die Hände eines guten Trainers, der es vermeiden wird, daß sich von vornherein Fehler in die Spieltechniken einschleichen, die später nur schwer wieder zu beheben sind.
Die Fotos zeigen, wie Sie praxisnah die Kraft für das Greifen des Tennis- oder Squashschlägers trainieren können.

Abb. 59a

Abb. 59b

Greifen Sie eine Hantel (Kurzhantel), an der nur eine Hantelscheibe fixiert ist. Sie können auf diese Weise 2 Übungen ausführen:

Übung 1: Anfangsstellung Bild 59a
Endstellung Bild 59b

Übung 2: Anfangsstellung Bild 60a
Endstellung Bild 60b

Anwendung des Muskeltrainings bei der Rehabilitation

Wir sprachen schon darüber: Durch Muskeltraining werden nicht nur die Muskeln gestärkt, sondern auch Sehnen, Bänder, Gelenke und Knochen, im Endeffekt der gesamte Körper. Im Falle eines Knochenbruchs ist man heute zu Recht bestrebt, den Gipsverband so schnell wie möglich zu entfernen, um das entsprechende Körperteil schnell wieder am alltäglichen Bewegungsprozeß teilhaben zu lassen. Die Heilung wird dadurch bedeutend beschleunigt.

Abb. 60a

Abb. 60b

Man kann den Heilungsprozeß noch stärker abkürzen, führt man das Rehabilitationstraining durch. »Ruhiggestellt« ist ja in den meisten Fällen nur ein Bein oder ein Arm, in manchen Fällen aber auch der Hals oder der gesamte Oberkörper. Die noch intakten Körperteile werden nun dem Muskeltraining unterworfen, um:

- den gesamten Körper nicht »verkommen« zu lassen und
- durch den sogenannten Ausbreitungseffekt die Heilung zu beschleunigen.

Was beinhaltet nun der Begriff »Ausbreitungseffekt«?
Es handelt sich dabei um einen sehr komplizierten, noch nicht ganz erforschten Vorgang.
Man weiß jedoch – und hat auch in der Krafttrainingsszene immer wieder diese Beobachtung gemacht –, daß, wenn ein Sportler intensiv und progressiv beispielsweise nur die Beine durch schwere Kniebeugen trainiert, der Oberkörper zu einem gewissen Grad »mitwächst«.
Diese Tatsache kommt der Rehabilitation zugute. Durch das Training des »Restkörpers« tritt eine gewisse Stärkung des ruhiggestellten Körperteils ein, die sich positiv auf den Heilungsprozeß auswirkt.
Nach fortgeschrittener Heilung sollte das Rehabilitationstraining weiterbetrieben werden. Ein geschädigtes Kniegelenk beispielsweise muß dann sehr behutsam immer stärker belastet werden, bis es die ursprüngliche »Wettkampfform« wiedererlangt hat.
Daß diese Art des Trainings nur mit Unterstützung eines Arztes oder eines sonstigen Fachmannes durchgeführt werden darf, braucht wohl nicht eigens erwähnt zu werden.
Falsches Trainieren an sich ist schon gefährlich genug – so sollte gerade dieses diffizile Training in Händen fachkundiger und erfahrener Leute liegen.

Schlußwort des Autors

Diese Anleitungen sind aus 30 Jahren Erfahrung entstanden. In dieser Zeit ist der Autor viele Irrwege gegangen, hat aber aus diesen Fehlern gelernt.
Sie müssen diese Irrwege nicht gehen, sondern können richtig auf Ihr Ziel zusteuern. Dazu hilft dieses Buch und der Autor gibt Ihnen die Garantie, daß Sie erfolgreich sein werden, wenn Sie die Anweisungen befolgen.
Über Muskeltraining und Bodybuilding ist bisher sehr viel geschrieben worden, aber nur wenig Literatur ist wirklich fundiert und auch von Autoren verfaßt, die aus der Praxis kommen.
Eigentlich ist das Thema Muskeltraining und Bodybuilding mit solch einem Buch, das Sie nun nicht nur gelesen, sondern auch durchgearbeitet haben, nahezu vollkommen abgehandelt, sieht man von kleinen Tips hier und da ab.
Sicherlich kann ein guter Trainer bei Ihrem Training sehr hilfreich sein, aber wirklich gute Trainer sind sehr selten zu finden. Außerdem fällt die Beurteilung über die Qualität eines Trainers einem Neuling sehr schwer.
Der Autor hat wirklich aus der Praxis geschrieben, hat er doch die Ausübung von mindestens 10 Sportarten, angefangen vom Boxen bis zum Flug- und Rennsport hinter sich. Immer war das Muskeltraining eine unterstützende Maßnahme für diese Sportarten – verzeihen Sie, ist es noch, denn der Lieblingstummelplatz des Autors sind die Berge und das extreme Felsklettern.
Ausdrücklich möchte ich mich bei allen Beteiligten bedanken, die mir auf meinem Weg bis heute geholfen haben, insbesondere Herrn Dahmen vom Sport&Fitness Verlag in Krefeld, meiner Lebensgefährtin Cornelia Dunkel, die dieses Konzept durchlesen und redigieren mußte, den zahlreichen Studiobesitzern, die mir das Training ermöglichten, und einigen Vorbildern im Bodybuildingsport, deren Namen ich nicht aufzuzählen brauche, da sie es selbst wissen, wenn sie diese Zeilen lesen.
Danken möchte ich auch dem MAC Studio in Besigheim im schönen Schwabenländle, das mir die Erstellung der Fotos ermöglichte. Ohne Modelle hätte dieses Buch nicht entstehen können und ich danke Cornelia, Christa und Walter für ihre Mithilfe.
Ich wünsche Ihnen auf Ihrem Weg zu Gesundheit, Kraft und schönem Aussehen das Allerbeste und guten Erfolg!

Hans Schulz

Literaturverzeichnis

Hans Schulz: Stretching
Bodybuilding für Frauen
Fit und Gesund
Muskeltraining mit Hanteln
Schlank und Fit mit Aerobic
(alle Falken-Verlag, Niedernhausen)

Werner Kieser: Hanteltraining zu Hause
Leistungsfähiger durch Krafttraining
(beide Falken-Verlag, Niedernhausen)

Rolf Milser, Klaus Grafe: Konditionsübungen, Fitneßtraining, Wirbelsäulengymnastik
(Falken-Verlag, Niedernhausen)

Vanio Vannini, Giuliano Pogliani: Bildatlas des menschlichen Körpers
(Falken-Verlag, Niedernhausen)

Dr. Ellington Darden: The Nautilus Nutrition Book
The Nautilus Book
The Nautilus Bodybuilding Book
The Nautilus Advanced Bodybuilding Book

»Sport & Fitness« Magazin: Sport & Fitness Verlag, Krefeld